V. I. Kryjanovskaya
(Rochester)

Do Reino das Sombras

(romance ocultista)

Trilogia – Livro 3

Editora M. Didkovsky
R. Krepostnaya, 43/45 – Riga – 1929

В. И. Крыжановская
(Рочестеръ)

Изъ царства тьмы

Оккультный романъ

ИЗЪ СЕРІИ:
1. Грозный Призракъ
2. Въ Шотландскомъ Замкѣ
3. Изъ царства тьмы

Изданіе М. Дидковскаго

Рига / Крѣпостная 43/45 / 1929

"Que homem, dentre vós, tendo cem ovelhas, e perdendo uma delas, não deixa no deserto as noventa e nove e vai empós da perdida, até que venha achá-la? E, achando-a, põe-na sobre seus ombros, jubiloso; e, chegando a casa, convoca os amigos e vizinhos, dizendo-lhes: Alegrai-vos comigo, porque já achei a minha ovelha perdida."

S. Lucas, XV, 4-6.

"Do Reino das Sombras"

J. W. Rochester

médium
Wera Krijanowskaia

Lúmen Editorial Ltda.
Rua Espírita, 64
São Paulo 01527-040 SP – Fone/Fax: (011)3207-1353

Capa – **SGuerra Design**
Tradução – **Dimitry Suhogusoff**
Editoração Eletrônica – **Ricardo Baddouh**
Revisão – **Valeska Perez Sarti**
Fotolito da Capa – **Megagrafics**
Impressão – **Gráfica Palas Athena**

fale com a Lúmen
e-mail **lumened@uol.com.br**

LÚMEN
EDITORIAL

O FIM DE UMA TRILOGIA DE EMOÇÃO...

Este é o terceiro e último romance de uma trilogia de emoção concebida pelo espírito J.W. ROCHESTER e psicografada pela médium russa WERA KRIJANOWSKAIA. Agora, leitor amigo, DO REINO DAS SOMBRAS está em suas mãos, uma história que começou com o romance O TERRÍFICO FANTASMA e prosseguiu com NO CASTELO DA ESCÓCIA.

Traduzida cuidadosamente por Dimitry Suhogusoff, os textos em português guardam os mesmos sentimentos dos originais russos, graças à dedicação incansável do tradutor. Os personagens, a trama esboçada, o contorno dos locais e paisagens, tudo guarda fidelidade ao original... Por isso, mais do que uma simples publicação de um livro, trata-se de um documento para o estudo da história da mediunidade na Terra.

Necessariamente, a LÚMEN EDITORIAL pode não concordar com alguns conceitos e opiniões emitidas pelo autor espiritual. Porém, julga de fundamental importância para o registro da História trazer à luz o texto tal qual foi criado pelo seu autor.

Os editores

I

No outeiro arborizado do vale ermo do Tirol meridional, erguia-se, elegante, uma imponente vila cercada de jardim. Afastada dos povoados vizinhos, ali reinava silêncio absoluto; seus habitantes eram aparentemente pessoas assaz caseiras, pois raras vezes eram vistas fora dos limites de seu refúgio encantado.

De fato, bem que a vila mereceria o epíteto de "castelo encantado". Sua construção em estilo renascentista italiano, o pórtico de mármore branco, a ampla escadaria e a galeria com colunada realçavam-se no fundo das folhagens densas feito uma gigantesca pérola. O vasto jardim, encimado por terraços, variegava de floreiras maravilhosas; por entre o verde arbóreo apontavam estátuas e dos numerosos chafarizes brotavam filetes de água prateada.

Num dos salões daquela fascinante mansão, comprido, estreito e ladeado por janelas, numa larga e confortável cama dormia um homem pálido e magro, visivelmente esfalfado.

As janelas estavam escancaradas; uma saía para o jardim e a outra – para o outeiro e o lago próximo; ambas as vistas eram igualmente esplêndidas, respirando profunda paz.

O ar embebia-se do aroma maravilhoso de milhares de rosas, pontilhando o jardim com tonalidades variadas. Na mesinha, junto ao leito, jazia uma garrafa de cristal com um líquido rosa e uma cesta de frutas. O homem adormecido vestia uma camisa branca de lã e estava toldado por um cobertor de pelúcia vermelha.

Acordado por um raio de sol que lhe incidiu sobre o rosto, abriu os olhos e esquadrinhou o ambiente com o olhar surpreso; depois, sentando-se e premendo a testa com as mãos, parecia tentar colocar os pensamentos em ordem. Neste ínterim, abriu-se uma porta e entrou um homem de alto talhe, idade mediana e rosto benévolo. Trajava vestes brancas de linho, segurando uma taça com bebida quente.

— Que ótimo, o senhor acordou, meu amigo! Graças a Deus, parece mais forte e saudável! Tome isso; depois conversaremos! Mesmo que ainda não possa falar muito, o senhor está ansioso por saber o que está acontecendo – disse ele, sorrindo com bonomia.

O enfermo secou avidamente a bebida tonificante, que lhe aqueceu o corpo exaurido com calor agradável, e, olhando com gratidão para seu interlocutor, disse:

— Não sei o seu nome, porém fico-lhe muito grato pelos cuidados a mim dispensados e, de fato, estou muito curioso com tudo. Literalmente, continuo perdido. É como se as minhas lembranças formassem uma lacuna; a minha sensação reminiscente é a de ter sido ferido mortalmente. Entenda bem: sou um médico e sei que vivi a mesma agonia que verifiquei inúmeras vezes em meus pacientes. Pelas leis humanas, eu deveria estar morto; o abismo negro, no qual eu me vi rolando, deveria ser o meu túmulo. Daí começa uma recordação vaga e incompreensível: a de que já vi o senhor com outras pessoas junto ao meu leito de morte. O mais estranho é que não me lembro da minha tia, que me substituiu a mãe. Por obséquio, quero lhe fazer algumas perguntas para pôr fim a este meu estado estranho. Qual foi o milagre que me deixou vivo? Se estou num sanatório, então onde precisamente? Quem me trouxe para cá, já que não foi minha velha tia, que ainda não apareceu pessoalmente?

— Seu desejo de saber a verdade é justo e natural. O senhor está bastante forte para saber de tudo, sem risco para a saúde. Levante-se e vamos ao quarto contíguo, mais confortável para conversar.

O enfermo levantou-se submisso, vestiu com a ajuda do estranho um roupão de seda e, sustentado pelo braço de seu interlocutor, dirigiu-se em passos lentos até a porta do fundo da sala. Quando esta se escancarou, do peito do enfermo soltou-se um ai de admiração.

Ele se viu diante de uma sala espaçosa, iluminada por enormes vitrais em toda altura das paredes. Quem já conhece as janelas da catedral de Köln, incomparáveis pela beleza, ou de outras igrejas medievais, poderá imaginar o espetáculo; na sala, porém, predominava uma meia-luz azul celeste. As paredes eram brancas; a de fundo guardava um enorme quadro da Ressurreição de Cristo, do punho de algum pintor famoso. A cabeça do Salvador, maravilhosa pela expressão e de beleza realmente divina, respirava vivacidade incrível. No meio do ambiente, erguia-se um altar de mármore branco e, sobre ele, jazia a reprodução da famosa estátua de Cristo – obra-prima de Thorwaldsen, executada em rocha da cor de safira transparente. Em sua base, lia-se uma inscrição em letras douradas: "Venham a Mim todos os sofredores e Eu vos confortarei"; da parede frontal do altar jorrava, despejando-se num tanque, um filete de água cristalina.

— Ore, irmão, para que Cristo o inspire, o abençoe e o coloque no caminho da salvação! – ordenou o desconhecido, pondo-se de joelhos ao lado do enfermo.

Quase instantaneamente se fez ouvir um canto suave e harmônico, obrigando a fremir cada nervo com os sons poderosos e invadindo a alma com paz e alegria. Ao silenciarem os últimos acordes, os dois homens levantaram-se e acomodaram-se no sofá ao lado da janela.

— E agora, irmão, o senhor terá explicação de tudo que lhe parece tão confuso – iniciou o estranho, deitando um olhar sério e pensativo sobre o interlocutor. – Por acaso o senhor ainda se lembra do príncipe Eletsky?

— Sem dúvida, lembro. Ele está aqui? Irei vê-lo? – agitou-se o enfermo.

— Verá, porém não agora; ele ainda não está aqui. Mencionei-lhe o príncipe, porque foi graças a ele que seu destino mudou tão radicalmente. Não sei se o senhor lhe será reconhecido, de qualquer forma terá o tempo de morrer à hora que quiser. Agora me ouça sem interromper!

De fato, o senhor não está enganado: seu corpo recebeu um ferimento mortal e, segundo as leis humanas, teria de retornar ao mundo invisível. Contudo, o irmão Eletsky nutria-lhe uma sincera disposição, achando que nos recônditos de sua alma, sob a camada de imundície acumulada, espreitavam-se-lhe bons propósitos e anseios à luz; isso fez que o príncipe resolvesse salvar a alma e o corpo do senhor. As expectativas dele se confirmaram: durante a sua agonia, os princípios do bem levaram a melhor, sugerindo-lhe assumir a culpa de um duplo assassinato, isentando o barão, resguardando o pai para os filhos, e poupando o seu bom nome. Por esse ato generoso, o senhor foi recompensado com vida corporal e, se assim o quiser, poderá ter sua alma totalmente renascida. Mas, caro irmão, seu destino foi mudado. O doutor Vadim Zatórsky morreu e está enterrado; o senhor não poderá mais usar seu antigo nome. Tudo isso está acabado, porém o senhor poderá viver como um outro homem, dotado de conhecimentos verdadeiros e não como um médico cego de saberes imperfeitos. A ciência oficial ainda perambula às apalpadelas na escuridão; seus êxitos devem-se a casos fortuitos, amiúde, conquanto o senhor tenha chance de se tornar um cientista dotado de conhecimentos ocultos, capaz de curar as raízes invisíveis do mal no corpo astral das pessoas visíveis. Se o senhor ingressar na nossa irmandade, poderá estudar essa ciência, ficando imune às necessidades mundanas, já que a comunidade cuida de seus membros e, repito, nenhuma preocupação material quebrará sua paz espiritual.

Quando o interlocutor de Vadim Víktorovitch se calou por instantes, este, pálido e perplexo com o que ouvia, balbuciou:

— Bem, uma coisa eu não entendo: como vim parar aqui? Fui desenterrado do túmulo?

— O senhor apenas foi retirado do caixão. Ouça como isso aconteceu! – disse o interlocutor do doutor, esboçando um sorriso. – Ao ficar convencido de que sua boa índole triunfara sobre o ódio e a sede de vingança, o príncipe ministrou-lhe um remédio que, além de lhe aliviar a dor e estancar a hemorragia do ferimento, levou-o a um sono letárgico, que lhe conferiu o aspecto de um defunto. Ao receber a notícia da morte, sua tia ficou doente e pediu por intermédio de sua dama de companhia que o corpo do senhor fosse deixado em Revel, até que ela própria ou algum dos seus parentes providenciasse seu sepultamento. Por diversos motivos, de que não falaremos agora, a baronesa foi sepultada às pressas no jazigo familiar de Zeldenburgo, que o senhor deve ter visto nos fundos do parque; no mesmo jazigo, a conselho do príncipe e até que não fossem dadas novas ordens, foi colocado também o caixão do doutor Zatórsky.

Para que o meu relato fique mais claro, devo acrescentar que a generala Bármina deixou o castelo com Mery e as crianças, no mesmo dia do enterro. Ficaram apenas o príncipe e o barão, que deveria ultimar alguns assuntos, entre os quais abrir o nicho na capela, onde, segundo a lenda, estava emparedado o cavaleiro da Livônia. Von Kosen queria dar um basta nas aparições do "agourento". Seus restos realmente foram encontrados e logo enterrados com ritual religioso. O príncipe assumiu a responsabilidade de desinfetar a capela e, com esse objetivo, permaneceu mais um dia no castelo; o barão mal via a hora de abandonar aquele local sinistro.

Um iate da irmandade, que casualmente navegava no porto de Libav, recebeu a ordem de passar em Revel e, na escuridão da noite, um grupo de pessoas de nossa confiança acostou de barco junto à escadaria da margem. Orientados pelo príncipe, os homens entraram no jazigo, abriram o caixão e tiraram seu corpo, substituindo-o com lastro. Envolto em manto, o senhor foi carregado no barco e transferido para o iate, que o trouxe para cá ainda em estado letárgico.

Aqui, no nosso refúgio, o senhor foi confiado a meus cuidados. Aproveito o momento para me apresentar: meu nome é Dakhara.

O tratamento foi difícil e demorado devido às lesões internas. Não obstante, como pode ver, o senhor está praticamente curado. Para que as inquietações morais não interferissem no trabalho da natureza, nós lhe desligamos temporariamente a memória e, por cerca de cinco meses, o senhor teve uma existência vegetativa. Bem, acho que por hoje chega de conversa...

— Permita-me fazer mais uma pergunta – interrompeu o doutor, arquejante de nervosismo. – Alguns dias antes da hora fatídica, eu fiquei noivo de uma jovem; vou vê-la algum dia ou terei de riscá-la do meu passado?

— Isso é um mistério do porvir. Temos alguns indícios de achar que um cruel carma ameaça a jovem, que terá de passar por duras provações e grandes perigos. Provavelmente o senhor haverá de ajudá-la a se salvar, mas para isso terá de trabalhar muito e armar-se de conhecimentos bem maiores do que possui. Mas repito: por hoje chega. Pense naquilo que eu lhe disse e, quando lhe retornar a paz de espírito, reiniciaremos nossa conversa. O senhor poderá meditar sobre passado e futuro, ou orar nesta sala.

Por alguns dias, Vadim Víktorovitch não conseguia recuperar o equilíbrio emocional. A incrível mudança em seu destino inquietava-o profundamente; só de pensar que ele morrera para o mundo em que nasceu e viveu, deixava-o de cabeça tonta. As recordações de Mery provocavam sofrimentos quase físicos. Que sentido escondiam as palavras do adepto sobre o carma que a atingira, sobre as provações e perigos iminentes? E ele estava "morto", poder-se-ia dizer, incapaz de ajudar e protegê-la. Talvez ele pudesse, através de um meio oculto, influenciar sua tia para que esta cuidasse de Mery. Mas a tia, segundo lhe constava, adoecera gravemente, ao saber da tragédia no castelo dos Kosen.

Esses devaneios, aliados à excitação nervosa, afetaram seu organismo debilitado. Certa noite, ele adormeceu e só acordou algumas semanas depois, consciente de seu passado e presente. Fisicamente, sentia-se mais forte, com sua antiga energia recuperada. Ele pediu então alguns esclarecimentos a Dakhara, que o fora visitar. Dele, Vadim Víktorovitch também soube que sua tia morreu, legando seus bens a um parente longínquo. Quanto a Mery, o adepto foi evasivo, dizendo que ela continuava a morar em Petersburgo, mas que sua vida atravessava duros reveses do destino.

— Minha segunda mãe morreu por minha culpa, agora irreparável; Mery está viva e talvez precise de mim. Diga-me, mestre, o que poderei fazer para livrá-la dos perigos iminentes. Por amor a ela farei qualquer coisa; diga-me como devo proceder!

O adepto largou um sorriso.

— Antes de empreender algo para salvar *mademoiselle* Mery, o senhor deverá juntar forças. No estado em que se encontra, o máximo que poderá fazer é perecer junto com ela. Torne-se primeiramente um dos nossos e, depois, purifique-se! Ou o senhor acha que a sua vida anterior passou sem deixar conseqüências? Seu corpo astral, tal como a aura, foram envenenados pelo relacionamento carnal com uma mulher devassa, obcecada por instintos vis. Essa mulher incitou-lhe tudo que havia de pior, imundo e imoral em sua alma. O senhor chafurdava-se feliz no esgoto, justificando seus atos no sofisma conveniente "Não sou nem o primeiro, nem o último". A bala que o atingiu foi um castigo justo daquele que o senhor desonrou e cuja confiança traiu. Sua relação era ainda mais asquerosa pelo fato de a baronesa estar casada e ser mãe de família. Não pense que o casamento, uma instituição tão desacreditada e ultrapassada hoje em dia, é uma fantasia vazia da moral caduca. Não, esse sacramento, personificando a família, é o alicerce de qualquer sociedade e serve para colocar freios à devassidão humana. Não foi sem razão que os primeiros legisladores, esses introdutores do conhecimento súpero, cercaram o casamento de leis rígidas e até cruéis. Cientes dos princípios fluídicos e da devassidão que medra instintos animais, desencadeando correntes contagiosas que geram epidemias, eles sentenciavam à morte as mulheres criminosas e seus sedutores. No entanto, o que temos na sociedade moderna é uma orgia completa que abala todas as convicções e deveres que, bem ou mal, ainda proporcionam algum equilíbrio, enquanto as torrentes caóticas estremecem os continentes, os altares e os tronos. Será que o senhor, um pupilo digníssimo da sociedade licenciosa e alheia a qualquer dever, não compreende que é impossível vencer o mal, senão com as forças do bem?

Até os lábios do doutor ficaram lívidos ao ouvir aquilo. Tremia-lhe cada nervo, sob o olhar severo do interlocutor; jamais ele se sentira tão mísero e digno de dó.

— A alma penada da baronesa irá vagar na primeira esfera ainda por muito tempo – reiniciou o adepto, após algum silêncio. – O senhor, meu irmão, poderá purificar-se sem abandonar seu corpo terreno, mas terá de trabalhar duro, pois não será fácil despojar-se de toda sua imundície. Mas... quem tem ouvido, ouvirá!... Sinto muito por ter sido tão cruel com o senhor, porém espero que tenha compreendido toda a torpeza da sua vida passada.

— Sim, tenho consciência da minha mediocridade moral, só não sei como poderei me purificar. A alma não é um quarto contaminado com miasmas, que pode ser ventilado por se abrir uma janela – ponderou em tom grave Vadim Víktorovitch.

— Ao contrário, sua comparação foi correta. Tanto no primeiro como no segundo caso, o ar limpo deve substituir o contaminado, apenas o ato de abrir a janela talvez seja mais complexo... De início, imbua-se da idéia de que o senhor realmente morreu para o mundo das seduções em que vivera antes, e agora está no "purgatório", iniciando um grandioso trabalho: libertar e utilizar as forças astrais do corpo. Ele é algo parecido com um bloco de granito, inserindo um fogo de força gigantesca e, para que se liberte, precisará de uma marreta que quebre a rocha; então, o fogo calcinará e fundirá o granito, transformando-o num lingote de metal precioso.

— Onde arrumarei a marreta? – sussurrou Vadim Víktorovitch, desanimado.

O adepto inclinou-se e olhou nos olhos anuviados do interlocutor; depois, apertou-lhe a mão com força.

— Temos essa marreta miraculosa em cada um de nós, meu irmão. É a força de vontade; Cristo falou que ela poderia mover montanhas. A oração sustenta aquele que almeja por luz. A fé no sucesso e a força de vontade promovem a geração do fogo interior, que a tudo transforma. E agora me diga: o senhor gostaria de ser um homem da ordem superior e desenvolver capacidades até então ocultas? À medida que das trevas se alce à luz um ser novo – o patrão do escravo –, o senhor se surpreenderá com o poder conquistado. No momento é o escravo que manda no patrão, porque este é preguiçoso...

O rosto de Vadim Víktorovitch tingiu-se de rubor intenso e pelas faces rolaram algumas lágrimas quentes; ele se pôs de joelhos e murmurou:

— Eu quero a luz. Seja meu mestre! O senhor, que me salvou e me curou o corpo, salve-me a alma.

Meigamente, o adepto o ergueu dos joelhos, abraçou-o e disse que antes de dar início a estudos sérios, ele teria de acostumar-se à sua nova condição e, através de uma dieta rígida e vibrações, colocar em ordem suas correntes fluídicas para ir libertando o corpo astral.

— O senhor ao menos sabe orar ou se concentrar; como isso é indispensável, terá de adaptar para tanto os seus órgãos – disse-lhe certo dia o adepto.

Seguiu-se então um período de tempo que propiciou a Vadim Víktorovitch um repouso para a alma e o corpo. O silêncio profundo do refúgio mágico, onde raramente ele via de longe algum outro habitante, agia feito bálsamo curativo sobre seus nervos abalados. De manhã, tomava seu banho de imersão e depois orava na sala azul; cada vez que se postava de joelhos diante da imagem de Cristo Salvador, ouvia-se um canto maravilhoso, cuja melodia o deixava emocionado e pensativo. Seu alimento consistia unicamente de leite, pão, frutas e legumes; após fazer seus longos passeios obrigatórios pelo amplo jardim, descansava. Deitado na rede, sob a sombra das árvores densas, aninado pelo murmúrio do chafariz, ele meditava sobre o passado, já sem amargura, e sobre o futuro, já com gratidão; uma paz nunca antes experimentada foi-se instalando em sua alma. Em tais horas de repouso, era freqüentemente visitado por seu orientador, que lhe falava de forças ignotas, de cuja existência o doutor até então nem sequer suspeitava.

Dakhara aconselhou ao seu discípulo especializar-se na área da ciência para a qual ele já tinha o dom, ou seja: a Medicina, mas deixando de ser simplesmente uma arma cega da ciência materialista, restrita a tratar apenas o corpo físico. Ele deveria se tornar um médico iluminado, conhecedor da fisiologia astral humana, unindo em milhares de ramificações os seus invólucros rudes; ele deveria saber encontrar a raiz oculta da maioria das doenças, sobretudo as nervosas e as cerebrais.

— Nenhum tratamento será efetivo, se o médico não consegue descobrir qual doença espiritual afeta o corpo – disse o adepto certo dia. – É o mesmo que ir à floresta de olhos vendados; por mais que suas pernas sejam sadias, o senhor acabará se perdendo.

— Mas como estudarei a medicina do corpo astral?

— Adquirindo a clarividência. Só de ver um doente, o senhor poderá estabelecer suas causas ocultas. No início será difícil ler o corpo astral; mas, com perseverança e em isolamento, concentrando os pensamentos em algum objeto, as faculdades irão desenvolver-se.

Certo dia, finalmente, Dakhara anunciou que era hora de iniciar os estudos sérios e levou seu discípulo a uma sala redonda, sem janelas, no andar térreo. No centro havia uma poltrona e, diante dela, num nicho, via-se pendurado um crucifixo e a imagem do Salvador. Na parede, ao lado do nicho, havia sete lâmpadas com seus interruptores; o mestre explicou que cada uma delas iluminava a sala com luz de espectro diferente.

— Enquanto estiver aqui se concentrando, acenda em seqüência as luzes e observe qual delas contribui melhor para o desenvolvimento de seus pensamentos e visões. No braço direito da poltrona, acha-se fixado o mecanismo que aciona uma música melodiosa, de modo a lhe facilitar o trabalho mental; do lado esquerdo, há um console para o livro com fórmulas mágicas e orações para as forças do bem. Bem, irmão, mãos à obra! Que o Pai Celeste o ajude!

O doutor começou a trabalhar com grande afinco, mas as primeiras semanas foram difíceis e não trouxeram resultados. O cansaço físico que impede as pessoas de se concentrarem e, por assim se dizer, de instarem sua força astral – esse terrível cansaço da carne, que dificulta o trabalho da mente e dos órgãos espirituais, deixava-o tão extenuado, que ele adormecia. Aos poucos, a força de vontade foi vencendo a matéria e ele já conseguia meditar e ouvir a música sem cair no sono. Passado mais algum tempo, parecia-lhe que o cérebro como que se aliviava de um peso e a meditação se tornava mais fácil. Ele começou a compreender que a opressão da matéria teria de ser eliminada, para que a carne fosse subjugada, pois estava dificultando a sua ascensão à luz. Quando, finalmente, as primeiras dificuldades foram vencidas e conseguidos os primeiros resultados, Dakhara lhe disse, com sorriso aprovador:

— Você trabalhou diligentemente, meu filho, e provou-me isso, vencendo as dificuldades e dando um passo importante. Agora, para acelerar sua aprendizagem, nós daremos brevemente um passeio pelos arredores e você verá coisas que os olhos vulgares não enxergam. Se você for um médico de verdade, enxergará tudo normalmente. Ficará perplexo ao ver como no mundo há pouca gente sadia, mas não se assuste.

Alguns dias depois, o mestre e o discípulo deixavam os

portões da vila, vestidos em trajes simples mas elegantes. Através de uma vereda íngreme, desceram ao lago, embarcaram num barco acostado e atravessaram para a outra margem. Ali, eles subiram um morro e adentraram uma caverna ampla; após a cruzarem, deram numa trilha estreita e íngreme, pela qual desceram por degraus esculpidos na rocha. Finalmente, viram-se num terreno aberto, onde se erguia uma casa camponesa. Um velho solene recebeu-os na porta, levou-os à sala limpa e humilde, e convidou-os para almoçarem. O doutor, esfaimado pela longa caminhada, devorou com apetite o pão, o queijo e o mel oferecidos; o adepto limitou-se a comer um pedaço de pão e a beber um copo de leite.

— Esta casinha chama-se Hotel do Bom Pastor, cujo proprietário, o velho Ian, é membro da nossa irmandade; sua esposa, Linda, saiu para fazer compras – explicou Dakhara. – Aqui os nossos irmãos param para descansar antes de seguirem para a vila; para cá também é trazida a nossa correspondência. Agora, irmão Vadim, antes de ir à cidadezinha vizinha, preciso lhe fazer uma pequena operação nos olhos, pois você não suportaria ver o que eu lhe mostrarei.

Ele tirou do bolso um estojo de marroquim, extraiu dele um frasco de vidro escuro e verteu algumas gotas num copo com água. As gotas azuis tingiram a água em azul turquesa; Dakhara molhou nela um pedaço de pano e, ordenando que o médico deitasse no sofá, aplicou em seus olhos essa compressa. Zatórsky soltou um grito. Pareceu-lhe que sobre suas pálpebras deitaram um fogo que lhe calcinou os olhos; sua cabeça tonteou e ele perdeu os sentidos. Ao se recobrar, Dakhara lhe disse, rindo a valer:

— Perdoe, irmão Vadim, por não tê-lo prevenido a respeito da compressa; mas fique tranqüilo e descanse um pouco. Nada lhe acontecerá com os olhos, apenas vai enxergar mais do que o normal.

A dor da queimadura deu lugar a uma forte mas agradável sensação de calor; em seguida, pareceu-lhe que seus olhos ficavam cada vez maiores.

Quando a compressa foi retirada, Zatórsky convenceu-se prazerosamente de que enxergava bem, ainda que tudo o que o cercasse tivesse adquirido outro aspecto. A atmosfera antes incolor lhe parecia agora de tonalidade azul celeste, fulgindo estranhamente, e todos os objetos nesse fundo se apresentavam em relevo. As paredes, os móveis, a louça, tudo era envolto num debrum azul celeste, num fulgor tênue e nevoento.

— Então, a caminho! Não vamos perder nada – disse o adepto, tomando a mão de Zatórsky, cujas pernas tremiam.

Através de uma trilha estreita, atingiram uma estrada bem conservada e logo avistaram uma pequena cidade no vale cortado por rio; por entre as graciosas e limpas casinhas de telhados vermelhos assomava-se o campanário pontiagudo de uma igreja.

— O que está rutilando naquela torre? – indagou Zatórsky.

— É a cruz da igreja. Você a enxerga agora envolta em corrente fluídica, que, tal como qualquer cruz, representando o símbolo da fé, irradia seu fulgor – respondeu o adepto. – Lá, onde as pessoas se juntam para orar, os pensamentos dos fiéis emanam uma substância peculiar, que se desloca e se fragmenta, tal como o mercúrio. Esta substância se agrupa em focos de luz invisíveis para os profanos, capazes de sentir apenas o bafejar benfazejo de sua luz e pureza.

Ao entrar numa rua lateral da cidade, Dakhara observou:

— Antes de visitar as moradias dos encarnados, vamos até o cemitério – sítio de repouso das almas, segundo os homens.

O bem conservado cemitério, cercado de alto muro, assemelhava-se a um parque; por entre a vegetação densa branquejavam monumentos ricos e pobres, lápides ou, simplesmente, cruzes de madeira. Na curva da primeira alameda, Zatórsky parou ofegante.

— Mestre, o que é aquilo? A sepultura à esquerda parece ter fogueira acesa e a outra, ao lado, está envolta em névoa azulada. Sobre a lápide grande fulge uma cruz dourada, enquanto na outra, atrás, só vejo fumaça. Mas o mais incrível é aquela pequena sepultura, à sombra do castanheiro, que está coberta por gás prateado, em meio ao qual cintila uma chama em forma de coração.

De súbito, Zatórsky estremeceu e agarrou a mão de Dakhara.

— Mestre, que sombras são aquelas: nojentas, negras e disformes, monstruosas, meio humanas, meio animais? Veja, elas vagam e rastejam feito serpentes entre os monumentos, parecendo sugar algo nas sepulturas.

— Graças ao poder de sua clarividência, descortina-se diante de você a visão do cemitério, impenetrável ao olhar profano. As sombras tétricas que lhe sugerem tanta repugnância são as almas penadas que, após a vida, malgrado as leis da pureza e da harmonia, não encontram a paz e vagueiam – cansadas e infelizes – nas cercanias de seu túmulo; o peso plúmbeo do corpo astral e a aura impenetrável e densa, que as envolve feito sarcófago, aprisionam os infaustos na terra. Aqui também fervilham as larvas e outros espíritos inferiores, que se alimentam da decomposição. Vamos espiar as sepulturas que tanto o surpreenderam, por exemplo, aquelas, em volta das quais paira um vapor azulado e chamas multicolores. Essa névoa e as chamas são a essência perceptível do amor e lágrimas, transportados pelos vivos à sepultura. Não existe um sentimento mais desinteressado do que o amor ao morto, pois ele já não serve para nada, e as lágrimas vertidas sobre os seus restos são uma expressão sincera do amor, esquecimento das ofensas e perdão. Por pior que tenha sido o morto, as orações elevadas para ele incandescem e, feito fogo eterno, adornam o monumento, independentemente de ser ele rico ou pobre. Este fogo inextinguível, aceso por sentimento nobre e puro, protege a sepultura e afugenta as larvas que ainda celebram orgias ao derredor dos cadáveres, saturados de fluidos vivos. Olhe! Ali está, junto ao muro, um montículo derribado sem o madeiro. É a sepultura de um suicida; entretanto, como ela é maravilhosa, alumiada pela cruz fulgente, como que salpicada de diamantes. Ali se ajuntaram as orações ardentes de sua mãe, verteram-se em rios as lágrimas de seu coração, ignorando outro sentimento, senão o amor e o perdão ao filho perdido. Esse clamor desesperado alcançou o Pai Celeste e a Sua misericórdia desceu ao túmulo do infeliz. Muito tempo se passou desde então, mas o sopro do amor, expresso em cruz límpida, ainda se sustenta no montículo abandonado e o protege. Em nenhum outro lugar o amor se materializa tão perceptivelmente como num cemitério; sua atmosfera acha-se impregnada de fluidos especiais, onde cada lágrima derramada é valiosa, pois procede do fundo do coração, fazendo inflamar um facho invisível junto àquele que concluiu sua provação terrena...

Ele se calou e contemplou pensativo a morada dos "mortos". O doutor parecia visivelmente perturbado.

— Quantos mistérios encerra esse mundo! Fico agradecido, mestre, por ter me mostrado isso. Lá na Rússia, quando uma procissão fúnebre passa, os fiéis desnudam a cabeça e, quando não elevam suas orações pelo morto, pelo menos persignam-se piamente, numa demonstração de que um dia hão de morrer também.

— Uma tradição judiciosa, meu filho. Saiba que nenhum sinal-da-cruz, feito com devoção, é perdido; esses gestos poderosos e arcanos inflamam-se no ar e, feito fogos errantes, unem-se à procissão fúnebre tal como guardiões purificadores. O mundo não conseguiria enfrentar o mal, se todas as preces sinceras, todas as persignações em nome-do-padre, não se unissem feito gotículas formando correntes ou esferas de mercúrio. Desta maneira, a aglutinação das emanações puras forma esferas atmosféricas de substâncias curadoras, que ficam à disposição dos bons espíritos e lhes servem de material para prevenir os perigos e evitar ou debelar uma epidemia, pois nada na natureza desaparece sem conseqüências – nem o bem, nem o mal – e tudo cumpre seus desígnios. Bem, vamos adiante! Quero levá-lo a um hospital fundado por um de nossos irmãos com auxílio de fiéis. É uma instituição nova, onde as pessoas são tratadas por fluidos curativos. Quero mostrá-lo porque, ao retornar para o mundo, você talvez queira abrir um igual. Um hospital desses teria uma grande repercussão. Já houve tentativas anteriores neste sentido, mas os resultados foram ridículos. Cristo disse: "Muitos são os chamados e poucos os escolhidos". Há muitos que se autodenominam "curadores", mas não detêm a verdadeira ciência; feito cegos, eles vagueiam às apalpadelas em domínios ignotos, contraem e depois alastram o contágio fluídico, que atinge normalmente eles mesmos; no fim, acabam vítimas das enfermidades que não conseguem curar ou vítimas das obsessões perigosas. Além disso, ofuscados pela prepotência, eles acham que sabem mais que outros. Como o orgulho é mau conselheiro, suas tentativas, na maioria dos casos, dão em nada. Tratar de doenças ocultas exige o dom de clarividência desinteressada. De qualquer forma, isso é um trabalho complexo; disso você se convencerá mais tarde.

No caminho, Dakhara apontou para um homem que andava com grande dificuldade e tossia muito.

— É um tuberculoso. Olhe seus pulmões! Eles estão cheios de fumaça pegajosa. A criança que o acompanha é raquítica e seus ossos estão cobertos de fluido negro. Sua aura parece líquido de esgoto, em que fervilham seres vermelhos feito formigas.

— O que isso significa, mestre?

Todos esses seres e os fluidos maléficos foram segregados por sangue danoso. Essas doenças, que exaurem o fluido vital, não são fáceis de serem curadas.

— Interessante! Estudarei com afinco para poder desvendar esses mistérios. Nem mesmo minha morte fatual seria um preço alto para granjear conhecimentos tão maravilhosos.

— Sim, caro discípulo. Suas palavras apontam que você não se lamenta por ter sido riscado de seu mundo anterior, nem nos culpa por fazê-lo renascer num homem novo.

— Não diga isso, mestre! Poderia eu sentir algo diferente, senão a gratidão por todas essas dádivas? – exclamou o doutor. – Em seu refúgio eu gozo de paz espiritual, jamais antes sentida; a minha vida anterior só me sugere repugnância. A única coisa que me oprime o coração é a lembrança da pobre Mery e não poder ajudá-la. Não posso deixar de amá-la.

— Longe disso! Ame-a com amor puro e, quanto mais firme você for, mais sucesso terá.

Eles se aproximaram de um grande prédio nos arredores da cidade, erguido numa elevação e cercado por vasto jardim. Sobre o portão da entrada, uma placa com inscrição: "Hospital Astral". O acesso ao prédio era através de uma alameda e uma galeria aberta. Muitos enfermos estavam sentados à sombra das árvores e às mesas da galeria, cheias de jarros de leite e cestos de frutas, como que envoltas em névoa azulada.

— São frutas magnetizadas – observou Dakhara, introduzindo o discípulo num cumprido corredor ao fundo da galeria.

Eles entraram numa ampla sala, numa espécie de farmácia e biblioteca, pois de um lado perfilavam-se estantes com livros e do outro – armários com vasilhas, saquinhos e feixes de ervas secas. A parede do fundo era ocupada por um aparelho estranho com tela, tal qual é usada no cinema; no chão, antevia-se um disco, ligado a uma lâmpada.

No centro da sala, estava sentado à mesa atravancada de papéis e diversos aparelhos um homem de idade mediana, de rosto agradável e pensativo. Ele recepcionou alegremente as visitas. Depois de trocar algumas idéias sobre os pacientes da instituição, Dakhara pediu que fosse permitido ao seu discípulo assistir alguma experiência.

— Com todo o prazer, Dakhara! Aliás, você veio a propósito. Estamos iniciando um tratamento fluídico de um demente com paralisia progressiva da medula espinhal. Ele é considerado desenganado.

Chamado por telefone, apareceu um assistente do diretor, trazendo um jovem aparentando trinta anos, de olhar fixo e insano. Descalço, vestia um roupão de lã. O médico colocou-o sobre o disco, que, imediatamente, começou a vibrar; a lâmpada acendeu-se sozinha. O enfermo estava ali postado nu, lançando olhares angustiosos e nervosos.

Na tela, neste ínterim, refletiu-se a figura do paciente envolta em aura oval cinzenta, como que repleta de massa grudenta em suspensão. O contorno do corpo foi adquirindo maior nitidez; a cabeça parecia coberta de pêlos enrodilhados, ao longo do corpo desciam negros pingentes lanosos, variegados de listras púrpuras, que envolviam os membros e as costas. Na aura, feito num aquário, fervilhavam animais microscópicos de forma bizarra e monstruosa, semelhantes a répteis, por vezes deslizando ao corpo do enfermo. A imagem na tela tornava-se cada vez mais nítida e transparente. Podiam ser distinguidos agora os órgãos internos e seu funcionamento lento e difícil; a medula espinhal parecia estar em falência, entupida de fumaça negra.

À medida que a lâmpada jogava mais luz, o paciente ficava mais tenso; o conteúdo da aura parecia ferver e os olhos do enfermo injetaram-se de sangue, seguindo-se um acesso de cólera convulsiva.

Dois médicos carregaram o paciente para uma banheira de vidro com água azulada e o mantiveram, à força, nela imerso. Soltando espuma esverdeada pela boca e uma chuva de impropérios, o doente se debatia como que se defendendo de um inimigo invisível; simultaneamente, dele emanava um vapor negro que se densificava em forma de cone acima da cabeça. Um dispositivo mecânico prendia-o imerso na água até o pescoço; aos gritos desatinados, ele se contorcia em convulsões. Subitamente, dos quatro cantos da banheira surgiram cruzes límpidas; a água turvou-se e começou a ferver, enquanto um vapor escuro se elevava em colunas do organismo do paciente.

Gaumata, como era chamado o diretor do estabelecimento, esvaziou então a banheira, encheu-a com água limpa e verteu uma essência de um frasco, enquanto seu assistente acendia uma lareira.

Os gritos, os insultos e as convulsões reiniciaram-se; da banheira, de súbito, alçou-se uma massa negra, enchendo o ambiente de odor putrefato. A massa foi-se deslocando em direção à lareira, na fornalha onde Gaumata jogou um punhado de ládano; mal ela atravessou o fogo, desaparecendo na chaminé, ouviu-se um forte estrondo.

O enfermo, que jazia desfalecido na banheira, foi transportado para o sofá, envolto num lençol fosforescente e toldado por cobertor; em sua boca foi vertido um líquido aromático.

— Seu desmaio irá ceder a um sono profundo e ele acordará sadio – explicou Gaumata e, virando-se para

Zatórsky, acrescentou: – O senhor presenciou, meu amigo, a expulsão dos espíritos que obsediavam o enfermo.

Dakhara anunciou ao seu discípulo que ficaria por algumas semanas no hospital para aprender o tratamento esotérico sob a orientação de Gaumata.

O tempo que sobreveio a seguir passou para Vadim Víktorovitch rapidamente. Gaumata, um excelente cientista, iniciou-o em conhecimentos de cuja existência o doutor nem suspeitava e, se um ano antes lhe falassem de algo parecido, ele teria tomado o seu interlocutor por louco. Agora para ele qualquer organismo – fosse um seixo, uma planta, um animal ou um homem – era sujeito a doenças, desde que fosse danificado o equilíbrio do metabolismo natural, permitindo a penetração de substâncias nocivas que arraigam e iniciam seu trabalho lesivo de decomposição.

Um mineral doente, um seixo, uma pérola, perdem seu brilho, e não é à toa que se diz que uma determinada gema ou pérola está "morta". Objetos antigos, as roupas surradas, também emanam fluidos repugnantes e putrefatos, que contagiam os vivos. O médico que deseja curar um corpo astral deve conhecer bem as propriedades das substâncias mágicas que eliminam os princípios decompositores, expulsam os espíritos diabólicos e purificam a aura. No tratamento, usando os fluidos, o papel dos aromas, das cores e da vibração, é primordial, pois em cada doença existe seu respectivo aroma, cor e vibração. A cura dos metais e plantas se processa ao serem eles impregnados com o máximo de carga de correntes solares ou lunares; usam-se os aromas para inibirem os cheiros nocivos e, finalmente, as vibrações musicais, habilmente manipuladas – para se obter o efeito desejado. Sabe-se que apenas para um olho rude os corpos parecem densos. Na verdade, eles são uma aglutinação de células móveis, cada uma equipada com um aparelho, através do qual a célula respira, percebe os aromas, as vibrações e as cores. Assim que o corpo pára de respirar corretamente, ou seja, com a falência de algumas partes das células, ele fica à mercê dos fluidos decompositores, que fecham os dutos respiratórios e então começa a decomposição. Todos os iniciados ou adeptos devem praticar exercícios respiratórios.

Os estudos de Zatórsky no hospital incluíram, entre outras coisas, o ressuscitamento de flores murchas, que se tratavam com aromas especiais e vibrações sonoras. Tais experiências, assim como muitas outras, serviram-lhe para aprender a governar as poderosas forças da natureza, empregando-as na devida intensidade, e controlar seus efeitos específicos, pois um mesmo aroma, cor ou vibração pode ser útil ou prejudicial – um remédio miraculoso ou um veneno letal. As forças do bem operam através da luz; as do mal – através das trevas. Sairão vitoriosas desse enfrentamento as substâncias límpidas que absorverem as escuras, e os sons harmônicos que sobrepujarem as dissonâncias caóticas.

Ao retornar para a vila, Dakhara felicitou seu discípulo pelo sucesso alcançado e disse-lhe que ele deveria iniciar o desenvolvimento de seu sexto sentido, que lhe propiciaria distinguir as vibrações e os aromas dos espíritos demoníacos das emanações benfazejas dos espíritos límpidos, no labirinto oculto.

Absorto nesse interessante trabalho, Vadim Víktorovitch não percebeu o tempo passar, esquecido completamente do mundo exterior, com o qual não tinha nenhum contato, exceto sua correspondência com o príncipe Eletsky, trocando idéias sobre seus estudos. Certa noite, o doutor e Dakhara descansavam após os estudos no gabinete do mestre, quando subitamente este indagou:

— Vadim, você ainda ama sua ex-noiva?

— Se ainda a amo? Claro, amo-a com toda a alma.

Oro por ela todos os dias, e é por ela que trabalho tanto, buscando me armar para ajudá-la.

— Bem, então chegou o momento de socorrer a alma da pobre jovem, que corre perigo. Ela caiu vítima de demônios – disse Dakhara.

Vadim Víktorovitch ouviu então, empalidecido de terror, os detalhes que levaram Mery a conhecer Van der Holm e, mais tarde, a se converter na satanista – irmã Ralda.

— Não poderemos salvar a minha pobre Mery? – perguntou o doutor, com lágrimas nos olhos.

— Faremos tudo para isso; mas, por enquanto, os mestres lhe confiam a tarefa de protegê-la nos momentos mais críticos. Venha comigo!

Dakhara levou Zatórsky ao quarto que este ocupava e, abrindo na parede uma porta de cuja existência ele nem suspeitava, introduziu-o num compartimento circular iluminado por lâmpada de teto. O doutor não pôde conter um grito de surpresa.

Diante dele, Mery, de pé, fitava-o com grandes olhos negros, tristes e pensativos. Examinando-a melhor, ele viu que se tratava de uma figura de cera, executada com tal perfeição, que parecia viva. Estava postada num pedestal que, por sua vez, apoiava-se num grande disco metálico, repleto de sinais cabalísticos gravados. A estátua vestia uma túnica branca; numa das mãos, tinha uma vultosa vela de cera, consumindo-se em chama azulada; do pescoço pendia uma cruz na corrente. Emocionado, fitou Vadim Víktorovitch o rosto maravilhoso, tão real que parecia que a boca estava prestes a se abrir num largo sorriso. O doutor então perguntou sussurrando o que ele deveria fazer.

— Ore diariamente, de manhã e à noite; defume o ambiente com as substâncias que eu lhe fornecerei e borrife a estátua com água benta. Depois, cubra-lhe a cabeça com esta toalha com cruz bordada e salpique-a de ládano. A vela arderá normalmente; mas, se você sentir uma agulhada na região do coração, venha imediatamente para cá. Se a chama começar a crepitar e oscilar como que de lufada de vento, significará que Mery corre um grande perigo. Neste caso você deverá pedir a ajuda dos mestres. Puxe este cordão, que acionará um dispositivo fazendo contato com eles, e ore com todo o ardor e força.

II

Passaram-se cerca de quatro anos e meio desde a morte da baronesa Kosen; porém, neste lapso de tempo, o mundo não ficou melhor.

Ao contrário, com furor ainda mais violento florescia o materialismo, os homens se entregavam a todas as insanidades, enquanto a "ciência" inventava meios de acabar com a velhice e alisar as rugas. Tudo se deveria aparentar viçoso, para se gozar a vida e enganar a idade. O culto ao corpo estava em alta, ao passo que a alma aviltada se embaciava cada vez mais diante da ridicularização do dever, da honra e da fé, perdendo o solo embaixo dos pés e mergulhando nas trevas das epidemias fluídicas. Inebriada de licenciosidade e sede de prazer, a turba cega celebrava a orgia em meio a homicídios, suicídios e demência, evitando ou conspurcando aqueles que ainda não haviam renegado Deus, eclipsada pela sombra gigantesca do espírito do mal e da humanidade indigna, que não intuía o Criador nem sentia Sua presença.

Em face do perigo moral e físico que isso representava para a humanidade, os sábios mestres decidiram enviar ao mundo alguns de seus discípulos para reverter a situação, atraindo e iluminando os que ainda sentiam a necessidade de crer em algo, além dos anelos da vida terrena, frágil e fugidia.

Era necessário aproveitar as circunstâncias que amoleciam a alma humana, tais como: desastres, provações, doenças e, sobretudo, o medo da morte. E esta lúgubre e misteriosa visitante aparece normalmente de súbito e sem constrangimento, acabando com a alegria e levando, sem distinção, os crentes, os impuros e os soberbos deste grande mundo para a região ignota.

Entre os eleitos para essa missão encontravam-se o príncipe Eletsky e o doutor Zatórsky – ambos suficientemente preparados. O príncipe foi designado para promover cursos públicos de esoterismo, que abrangiam – é claro – só os conhecimentos permitidos para serem repassados, conforme as instruções dos mestres. Ele seria responsável pela edição de livros, versando tais assuntos, porém escritos em linguagem simples, clara e acessível a todos, sem frases de efeito e termos estranhos e nebulosos, ou seja: sem usar aquele pseudo-misticismo ostensivo, que nada explica, mas apenas atrapalha o entendimento do leitor, constrange-o e, finalmente, instala nele a suspeita de que até o próprio autor não compreendia o que queria dizer.

O príncipe vivia nessa época em Londres, estudando arduamente na "Irmandade da Luz Ascendente". Ele se preparava para viajar a Petersburgo levando consigo Zatórsky, cuja tarefa era abrir uma casa de saúde, aplicando o tratamento fluídico-astral. Ele se correspondia com o barão e Lili e alegrava-se sinceramente com os progressos de sua jovem pupila.

Já de algum tempo, as cartas singelas da menina revelavam um amor inocente ao príncipe; contudo, esse sentimento era puro e alheio ao egoísmo. Sentia-se que ela desejava tão-somente ser digna da amizade e respeito do homem, a quem considerava um ser superior. Isso comovia o príncipe. Com total franqueza, Lili confiava a Eletsky minúcias de sua vida e, com alegria extasiada, participava-o de qualquer sucesso alcançado.

"O senhor não imagina, querido orientador, como estou progredindo, e tudo graças à felicidade de ser sua aluna" – escrevia ela. "O senhor sabe: estou tentando auxiliar o máximo que posso os desafortunados; o papai me dá um bom dinheiro para minhas despesas com roupa e outros caprichos, mas, economizando, sempre me sobra alguma coisa. Entre os pobres que eu ajudo, há uma viúva de operário com seis filhos; o menor contava com oito meses, quando seu pai morreu num desastre ferroviário. A pobre mulher mora perto de nossa vila. Ela é muito boa e honesta, seus filhos também são ótimos e eu gosto muito de sua família.

"Há pouco tempo atrás, Eusápia ficou doente e, apesar dos esforços do médico, seu estado piorou. Ele me disse que havia poucas chances de salvá-la. Vendo o meu desespero, o papai me deu trezentas liras para o enterro dela e pequena ajuda para seus filhos. Mas o que é dinheiro, quando se trata da vida valiosa da mãe e seis crianças?

"Certa noite, depois de rezar, lembrei-me do que o senhor disse sobre as propriedades curativas da água magnetizada. Peguei um copo de água e comecei a magnetizá-la como o senhor me ensinou e – imagine só! – vi com meus próprios olhos as gotículas douradas jorrarem dos meus dedos, precipitando-se no fundo do copo. A água adquiriu uma coloração azulada e as paredes do copo ficaram orvalhadas. Como ainda era cedo, peguei a copeira e fomos à casa de Eusápia. Encontrei-a delirante e quase moribunda; convenci-a a tomar a água e, em seguida, ela adormeceu, dormiu a noite inteira, acordou bem consciente e pediu para comer. Continuei lhe levando aquela água por mais alguns dias. Graças a Deus, ela já se levantou e agora está quase boa.

"Sou muito reconhecida, caro mestre, por seus ensinamentos, que eu aplico na prática; estou convencida de que as minhas boas ações emanam do senhor."

Quando o príncipe já se preparava para viajar ao Tirol, a fim de pegar Zatórsky para ambos irem à Rússia, recebeu uma carta do barão Kosen, mas já enviada de Petersburgo.

"Estou de volta, meu amigo – escrevia ele –, lamento, porém, ter abandonado meu tranqüilo refúgio perto da antiga Spoleto. Já lhe escrevi as razões que me moveram a tomar esta decisão. Meu filho precisa continuar seus estudos na pátria e Lili acaba de completar dezoito anos. Ela é uma moça muito estranha; não é sociável, não gosta de festas barulhentas, mas acho que é meu dever tirá-la de lá. Estou feliz com sua vinda para cá. Como eu anseio reencontrá-lo! Durante esses últimos anos o senhor tem trabalhado junto à fonte de luz e deve ter aprendido muita coisa; eu, devo confessar, conto com sua ajuda para descobrir o que me oprime tanto a alma.

"Não lamento ter matado a minha esposa, pois ela não valia nada. Tenho remorsos pela morte de Zatórsky; por mais que ele tivesse culpa, seu coração era nobre.

"Às vezes tenho pesadelos, principalmente depois que voltei para Petersburgo. Sonho com uma pesada rocha apertando-me o peito, e fico com a sensação de ter alguém, invisível, ao meu lado. Não sei explicar essa sensação desagradável: é como se o espírito da minha esposa estivesse me perseguindo. Estou muito infeliz e nem a arqueologia me distrai atualmente.

"O senhor me achará no novo endereço. Vendi a minha antiga casa, que me traz más lembranças, e adquiri uma outra, na Ilha das Pedras. É um prédio novo, parece um palacete, tem jardim e é bastante amplo para receber visitas, o que pretendo fazer. A mudança fará bem aos filhos. Quero que eles se esqueçam da mãe e de seu passado funesto. Não tenho ido a Zeldenburgo pois o lugar me é repugnante; só lamento não poder vender o castelo, já que ele é nosso ninho familiar. Aparentemente, o castelo permanece intranqüilo e ninguém quer morar lá. O administrador afirma que a baronesa e Karl continuam a assombrar o local; os camponeses dizem que ele se tornou um vampiro e degolou várias pessoas. Há pouco, acharam o seu túmulo aberto e seu corpo estava perpassado por uma estaca. Tal método de destruir os vampiros é tido pelo povo como o mais eficaz. Os responsáveis não foram achados, mas Karl, segundo dizem, não apareceu mais.

"Quanto a Zeldenburgo, esqueci de mencionar uma coisa interessante. O senhor deve estar lembrado de Mery Suróvtseva, que ficou noiva do pobre Vadim Víktorovitch quase na véspera de sua tragédia. Ela era uma jovem encantadora. Na época que íamos viajar para a Itália, ela se recuperava de uma grave doença. Depois eu soube que sua família sofreu muitas desgraças. O pai, um rico banqueiro, perdeu todos os bens e enforcou-se. Sua bancarrota teve uma grande repercussão; mas o que aconteceu mais tarde com a família arruinada, não pude saber de ninguém. Imagine a minha surpresa, quando vi Mery andando em magnífica carruagem, vestindo roupas caras. Alguns dias depois, eu e Lili encontramo-la no Jardim Botânico. Soube então que ela ficou viúva de um tal de Van der Holm, era muito rica e vivia em casa própria. No inverno, ela planejava viajar para o exterior. Está muito bonita, mas em sua beleza há algo diabólico e nos olhos fulge um sorriso perverso. O senhor nem imagina o que ela me havia proposto: arrendar-lhe por dois-três anos o castelo de Zeldenburgo! Quando eu lhe mencionei que ele era mal afamado, ela soltou uma gargalhada indelicada e disse que não era supersticiosa. Comentei então que ela não encontraria empregados que se dispusessem a ficar naquela casa fatídica; ela tornou a rir:

— Meus serviçais não têm medo de nada. Zeldenburgo me é caro pelas lembranças da felicidade que ali me sorriu – retrucou ela, olhando-me com ódio.

"Apesar de sua sedutora beleza, fiquei com péssima impressão dela, assim como Lili. Tenho certeza de que tanto ela como seus serviçais não temem nem o próprio Satanás. Não obstante, concordei em alugar o castelo para ela e, ontem mesmo, nós assinamos o contrato. Que more lá, se não tem medo de Pratissuria.

"Agora eu lhe faço um pedido, Aleksei Adriánovitch. Se puder me dar essa honra, aceite a minha hospitalidade. A casa é enorme; tenho uma ala totalmente livre, que dá para o jardim. Posso lhe oferecer cinco cômodos mobiliados, com quarto de empregada e entrada independente. O senhor se sentirá como na própria casa. Uma escada interna leva à minha biblioteca e nós poderemos nos ver quando quisermos. Poderá desjejuar e almoçar conosco; trabalharemos juntos e conversaremos sem sair de casa. Sua recusa, Aleksei Adriánovitch, me amargaria muito. O senhor é meu único amigo e me apoiou no momento mais difícil da vida, por isso sua presença me dará muito prazer."

"Pobre amigo!", pensou o príncipe, dobrando a carta. "Está evidente que sua esposa o persegue; com respeito à infeliz Mery, conheço sua história. Esperem só, senhores satanistas, a última palavra ainda não foi dada! Pelo jeito, está sendo preparado o ato final do drama, pois os atores principais estão se juntando. Responderei imediatamente ao barão, aceitando seu amável convite e passarei algum tempo ao lado do amigo e da minha pupila Lili, mas lhes comunicarei que estarei levando comigo o meu novo amigo hindu."

O príncipe escreveu imediatamente ao barão e, ao receber dele um telegrama em que este afirmava que receberia com prazer seu amigo hindu, despediu-se dos mestres e viajou para o Tirol.

Feliz por terem seus mestres considerado concluída a sua primeira iniciação, ele saía de Londres já na qualidade de representante da irmandade, com total apoio dos mestres e de Vedjaga Singa; levava consigo também a corneta de caça, que o salvara da morte.

Eletsky foi recebido na vila de braços abertos; Dakhara levou-o imediatamente ao laboratório onde trabalhava Zatórsky. Ao ver o príncipe, o doutor saltou da cadeira e, emocionado, abraçou-o e beijou-o fraternalmente.

— Agora somos irmãos, Vadim, e eu tenho a grata satisfação de não vê-lo infeliz no novo estado.

— Infeliz? Não, Aleksei; ao contrário, não encontro palavras para expressar a minha gratidão por ter-me salvado a vida. Morrer como ignorante cego e criminoso, e depois renascer, enxergando o caminho à luz e à vida espiritual, cheia de harmonia serena, não será uma graça suprema?

— Suas palavras são a melhor recompensa do risco que assumi, sem consultá-lo. No íntimo eu temia que você se arrependesse de perder sua posição anterior, tendo que iniciar uma existência nova, a você impingida.

O doutor balançou a cabeça.

— Não fosse o destino terrível de Mery, eu seria um homem completamente feliz. Aprendi tantas coisas nestes últimos anos, tantos novos horizontes se descortinaram diante de mim, que, quando penso no passado, não consigo definir em palavras o quanto eu fui ignorante e ridículo, apesar do título sonoro de "doutor" e "professor".

Dakhara, querendo deixar os dois amigos à vontade, retirou-se humildemente; Vadim Víktorovitch levou o príncipe ao quarto, onde, acomodados no sofá, ambos se examinaram curiosos.

— Você continua a esbanjar beleza, caro príncipe; não é à toa que Lili está apaixonada. Já naquele tempo, você foi o ideal da menina – observou o doutor, malicioso.

— Como vou saber? Talvez seu gosto tenha mudado. Quanto a você, Vadim, eu teria dificuldade de reconhecê-lo, você está diferente.

De fato, o doutor havia mudado muito. Emagrecido,

ele parecia mais esbelto e rejuvenescido; sua fisionomia modificara-se e, nos olhos, mais escuros que antigamente, fulgia uma poderosa força de vontade. A tez branca ganhou tonalidade brônzea, como a de um hindu, enquanto os densos cabelos, a barba e as sobrancelhas, antes escuros e levemente dourados, agora eram negros tirante a azul.

— Sem dúvida, tive de ficar diferente para não ser reconhecido – esclareceu o doutor, suspirando. – Você deve estar estranhando a minha tez oriental, os cabelos negros e os supercílios quase fechados. A metamorfose foi uma exigência dos mestres. Em meus banhos, desde há muito tempo, eu acrescento uma substância que vem escurecendo a minha pele; nos cabelos e nas sobrancelhas, eu passo uma pomada, que os fazem crescer rapidamente, conferindo-lhes a tonalidade de asa de corvo. Imagine como eu ficaria rico se fosse vender esta pomada para os calvos! – acresceu ele, rindo.

— Contente-se em ser cabeludo e não pense em comercializar o segredo da irmandade. Agora falemos de assuntos sérios! Ficarei aqui três dias e depois viajaremos a Petersburgo, onde o barão nos espera, ou seja: por mim e por Ravana Veda, meu jovem amigo hindu da casta dos brâmanes. Não se esqueça de que este agora é o seu nome. Estou certo de que ninguém reconhecerá em você o doutor Zatórsky.

— Sem dúvida, doutor Zatórsky já morreu e está enterrado. Aliás, deixei de ser aquele homem leviano e materialista devasso. Nem me arrependo de que a morte cavara um precipício entre mim e o grande mundo; só uma coisa me perturba: é o encontro com Mery. Como ela está morando em Petersburgo, o encontro será inevitável. Eu conhecia muita gente, mas desse tal de Van der Holm, com quem ela se casara, nunca ouvi falar. Bem, tentaremos salvá-la, Aleksei, não é verdade? Os mestres prometeram me ajudar.

— Sim, faremos tudo para arrancar a infeliz das garras dos demônios. Vedjaga Singa prometeu nos dar o seu apoio e garantiu que, desde que ela não tenha tido uma relação carnal com algum ser demoníaco, poderá ser resgatada.

— Sim, sim! Gaumata também me disse o mesmo e, até agora, conseguimos salvaguardá-la de qualquer mácula, graças à vela acesa que a protege do perigo. Oh, quanto bem poderíamos fazer por nossos próximos, não fossem eles tão cegos e conhecessem as leis que acionam as forças poderosas!

— O amor, de qualquer forma, pode operar milagres. Não se desespere, Vadim! Tenho certeza de que Mery será salva e, quem sabe, você a despose. Eu também preciso me casar por determinação dos mestres, visto que os espíritos, em seu anseio de evolução através de vida nova e digna, devem encarnar-se em famílias onde são observados os princípios do bem e devoção. Os pendores herdados pelos pais, sua negligência criminosa em relação à educação espiritual dos filhos, o contágio moral do meio escolástico pestilento, os livros pornográficos e a libertinagem geral da sociedade – tudo isso contribui para a sua degradação e, amiúde, as melhores pessoas, desiludidas, tomam asco da vida e caem no precipício do suicídio.

— As exceções também são freqüentes, como é o caso de Lili. Quem poderia imaginar que esta pura e encantadora criança, de aspirações sublimes, seja filha da bruxa devassa – Anastácia Andréevna? Seu exemplo poderia ter exercido sobre a filha uma influência perniciosa – observou o doutor, pensativo.

— Ela suportou estoicamente sua provação – tornou o príncipe. – Também não podemos esquecer que seu pai é um homem íntegro e bom – um cientista evoluído. É dele provavelmente que ela herdou suas virtudes. Normalmente é assim: os filhos absorvem os elementos essenciais do pai ou da mãe, ou seja, daquele que mais se adequar à sua necessidade moral. Não é à-toa que o povo diz: "cuspe do pai" ou "retrato da mãe".

— Que bom seria se a sociedade e o povo soubessem todas essas leis arcanas! Há tanta gente que anseia pela iluminação! – observou o doutor.

— É para isso que nos estão enviando para Petersburgo, porém não pense que vai ser fácil. Estorvos para o desenfreio, seremos malvistos por aqueles que só pensam em prazeres imediatos, orientando-se pela máxima que diz "après nous le déluge". Depois de nós, o dilúvio! Tão logo conseguirmos seguidores, eles se sentirão ameaçados e tentarão nos desacreditar. A sociedade nos chamará de terroristas e maníacos, por termos ousado professar que os homens têm alma e que nem tudo acaba com a morte física, desmistificando o consolo de que toda a vilania é permitida desde que dê certo e não acarrete conseqüências. Oh, deveremos ser insensíveis para não estremecermos diante da pressão, sob a chuva de títulos lisonjeiros: "loucos", "idiotas", etc... Sei de antemão que, em torno dos livros a serem editados, será armada uma conspiração silenciosa; e você, Vadim, não pense que as suas curas miraculosas irão cobri-lo de fama. Sem contar com o diploma, suas curas dos desenganados pela ciência oficial serão vistas como charlatanice e engodo. Os filhos de Esculápio, não raro charlatães patenteados, vivem nababescamente por conta dos sofrimentos humanos, já que não há nada mais lucrativo do que as doenças "incuráveis". Assim, desgraçado daquele que os perturbe!

— Concordo com o que me diz, Aleksei, mas, quanto mais dura for a tarefa, maiores são os méritos. Em meu caso, eu preciso remir o passado e não tenho o direito de me esquivar dos eventuais ferimentos, sejam físicos ou morais. Você sabe o quanto fui um espírito pobre; tenho agora a dupla obrigação de propagar a verdade aos cegos e difundir os ensinamentos dos nossos mestres. Cada espírito que eu conseguir salvar no mar tempestivo das paixões humanas considerarei como melhor recompensa por meus esforços e paciência.

— Oh, a paciência é a mais difícil das provações de um discípulo! – suspirou o príncipe. – Vedjaga Singa me disse certo dia: "A paciência de um mestre é a escada pela qual ascende o discípulo e, quanto mais ela for firme, mais pessoas a galgarão. Aquele que deseja difundir a luz aos ignorantes deve armar-se de paciência – um verdadeiro talismã em que se insere força mágica e hipnótica, que alça a alma para degraus supremos do conhecimento e purificação.

— Não é à toa que os profanos se orgulham de sua paciência e a consideram uma grande virtude – observou o doutor, rindo.

Continuando a conversa, Aleksei Adriánovitch falou de sua intenção de fazer no dia seguinte os retratos mágicos de Vedjaga Singa, de que precisariam em sua missão. O doutor expressou o desejo de estar presente na interessante experiência, para conhecer o mago hindu.

— Sem dúvida, você participará dela, pois o mestre permitiu. Ele é benevolente e gosta de demonstrar as maravilhas que não temos a capacidade de entender. Seu desejo de vê-lo se realizará em Petersburgo.

— Vedjaga Singa pretende ir à Rússia?

— Não, mas isso não impede que você o veja. Distância não é nada para ele, pois ele sabe contrair o espaço; como isso é feito? – só os grandes iniciados sabem!

Na noite seguinte, o príncipe abriu seu baú e dele tirou um longo estojo cilíndrico de papelão, dentro do qual se achava um fino papel gelatinoso. Depois, ele armou uma moldura do tamanho natural de uma pessoa e nela esticou a tela de papel. Feito isso, baixou as cortinas e acendeu a lamparina mágica, colocando-a na mesinha, de modo que essa iluminasse a tela. A superfície da tela agitou-se, reverberando as cores do arco-íris, e, à medida que a luz suave esverdeada incidia sobre a moldura, a superfície ondulante se aplainava e logo se tornou lisa e brilhante, feito espelho. Ordenando que o doutor não se mexesse, o príncipe trouxe um braseiro, deitou nele um punhado de ervas secas, derramou um pó branco e um líquido denso. Depois, pegou o bastão de sete nós que trazia no peito, reverenciou os quatro pontos cardinais, recitou fórmulas e começou a girar com o bastão sobre a cabeça. Alguns minutos após, na extremidade do bastão inflamou-se uma chama; o príncipe parou os movimentos e acendeu com aquele fogo o braseiro. Ouviu-se uma pequena explosão e para o ar alçou-se uma labareda multicolor; o quarto encheu-se de colunas de fumaça densa de odor agradável e refrescante.

Por instantes a tela sumiu de vista; em seguida, através da fumaça delineou-se nitidamente um largo feixe de luz partindo da lamparina, pelo qual escorregou em direção da tela algo vago, ali desaparecendo junto com toda a fumaça. A lamparina iluminou então um quadro em que se via um terraço com balaustrada, envolto por plantas trepadeiras, onde se postava um homem alto, vestindo trajes alvos e um turbante na cabeça. Uma de suas mãos estava erguida e de seus olhos negros e dedos delgados coruscavam feixes azulados; esses estranhos fulgores fosforescentes de seus olhos parecia saltarem fora da moldura, perdendo-se no espaço.

O doutor não pôde conter um grito de surpresa, vislumbrando avidamente o quadro surgido do espaço, que, de perto, parecia pintado a óleo e surpreendia por sua vivacidade. Os feixes estranhos que se irradiavam dos olhos e dedos só podiam ser distinguidos, se o quadro fosse visto a certa distância.

O príncipe sorria de alegria e imediatamente começou a preparar outros retratos. Ele conseguiu fazer mais dois ovalados, de busto, que colocou dentro dos medalhões de ouro com corrente, anteriormente preparados. Um medalhão ele pendurou em seu pescoço e o outro deu a Vadim Víktorovitch, dizendo-lhe para carregá-lo sempre, para se proteger do mal e desenvolver suas forças astrais.

Dois dias depois, eles se despediram dos amigos na vila e partiram para Petersburgo.

Tendo deixado Komnor Castle após o ataque de seu ex-marido, que quase lhe custou a vida, Mery primeiro foi a Paris. Lá ela se despediu de Uriel e depois foi a Cannes, onde estava sua mãe, com intenção de levá-la a Petersburgo.

Para sua infelicidade, ela encontrou Anna Petrovna muito envelhecida e doente; as provações por que passara, as privações e humilhações, abalaram a saúde da fraca mulher, acostumada às comodidades e luxo. Doente do fígado, seu estado complicou-se ainda por enfermidade cardíaca.

Mery achou por bem não levar a mãe para Petersburgo, cujo clima era frio, e comunicou esta decisão por carta a Uriel, expressando a esperança de que a irmandade não se oporia à sua vontade de ficar junto à mãe e prometendo cumprir, por sua vez, todas as determinações de seus mestres. A permissão foi concedida. Com receio de ser separada da mãe, Mery cumpria zelosamente todos os rituais satânicos.

Apesar de estar feliz por ter por perto a filha querida, Anna Petrovna sentiu instintivamente que Mery estava diferente e que essa mudança era fatídica. Sua inquietação dilacerava-a, mas ela não quis trair suas dúvidas com medo de ofender a filha; ela não conseguia entender por que razão Mery evitava ir à igreja ou falar de religião, tornando-se uma verdadeira ateísta.

Com o corpo debilitando-se e sofrendo moralmente, Anna Petrovna extinguiu-se em sete meses após a vinda de Mery da Inglaterra.

No dia da morte de Suróvtseva, apareceu inopinadamente um dos membros da irmandade, intitulando-se como irmão Ukobakh, supostamente um amigo do falecido Van der

Holm. Um acaso o trouxera para auxiliar a jovem no sepultamento da mãe. Na verdade, não queriam que Mery participasse do enterro. Subitamente, adoecida, Mery não foi ao enterro.

Com o objetivo de recuperar a paz espiritual, ela viajou para Itália e Suíça; passado um ano da morte da mãe, resolveu finalmente voltar para a Rússia.

Uriel aconselhou-a a não se sobrecarregar, no início, pelas preocupações com os irmãos; assim, ela instalou Natasha num bom pensionato em Nevshatel. Pétia, que possuía uma bela voz de tenor e sonhava com palco, foi matriculado em Milão na escola de um cantor famoso. Ao ficar livre das preocupações cotidianas, Mery viajou para Petersburgo. Antes de partir, foi visitada por Uriel, que lhe deu alguns conselhos e instruções, prometendo ir brevemente à Rússia, onde planejava fundar algumas organizações satânicas. Ele aconselhou-a a reatar amizade com seus antigos amigos, aparecer na sociedade, receber em casa e evitar atrair suspeitas sobre si.

— Nossos irmãos petersburgueses irão introduzi-la nos círculos ligados à nossa comunidade; mas você deverá também manter um estreito contato com os mortais comuns para granjear seguidores. Rica e bela, você ocupará um lugar de destaque na sociedade. No andar térreo da casa de Bifru, há maravilhosos salões para as recepções. Mas – acrescentou ele – nunca demonstre medo, que pode ser fatal, esvaindo-lhe o fluido da coragem, da força de vontade e resistência, e colocando-a à mercê do mais forte. Confie em seus amigos e principalmente em Bifru, que ficará por perto.

Com sensação de angústia, Mery viajou para seu novo lar, ponto de partida de uma estranha e lúgubre carreira. A carruagem de Van der Holm foi buscá-la na estação. Já em casa, serviram-lhe lauto almoço, após o qual o mordomo Billis lhe estendeu um novo talão de cheques, pedindo que ela assinasse alguns.

— Se a senhora não tiver nada contra, assumirei a administração da casa como nos tempos do patrão vivo, livrando-a das preocupações desnecessárias.

— Excelente, meu amigo, assuma tudo. A propósito, quero que me arrume uma camareira para serviços pessoais, mas que seja uma mulher de índole corajosa.

— Isso já foi providenciado; contratamos uma criada eficiente e destemida.

A camareira verificou-se ser uma mulher de meia-idade, taciturna e feiosa, porém conhecedora de suas obrigações, de modo que a ama ficou satisfeita.

Mery não precisou ocupar-se da economia da casa e tudo ia como máquina engraxada. Os primeiros dias ela passou arrumando seu novo lar. Os cômodos do primeiro andar eram esplêndidos e totalmente adequados para grandes recepções; para os aposentos particulares, Mery escolheu os quartos de Van der Holm. Ela surpreendeu-se em encontrar no mesmo local, no gabinete, a estátua de Satanás, que ficava no oratório de Komnor Castle. Tendo-lhe rendido a devida reverência, Mery foi se sentar à mesa, quando avistou no espaldar da poltrona o medonho gato de Van der Holm. Ao lembrar-se das vezes em que aquele animal asqueroso a atacava, estremeceu; o gato lhe infundia medo incontrolável.

— Fora, monstro, criatura das trevas! Não quero vêlo aqui! – gritou ela.

O gato espichou o dorso, ameaçador. Eriçando o rabo e arregalando os olhos de ódio diabólico, ele se agachou preparando-se para dar um bote; Mery, a custo dominando o medo, apressou-se em recitar a devida fórmula e instou por Bifru. Ouviu-se então um forte estalido, uma lufada de vento varreu o quarto e, no ar, agitou-se uma nuvem escura que deu lugar à figura alta de Van der Holm.

— Está me chamando, querida Ralda, para que eu leve

embora meu velho amigo? Há-há-há! Não gosta do bicho? No entanto, ele faz parte da herança – observou ele, brindando o gato com um chute vigoroso.

— Não preciso deste animal nojento. Tire-o daqui, Bifru!

— Humm! Neste caso, adote um outro animal. Você sabe que pelas leis do inferno você deve ter um mascote.

— Onde vou arrumá-lo? Ajude-me nisso: você é mais experiente nesses assuntos.

— Darei um jeito no gato, mas você terá de encontrar outro animal.

— Já sei, já sei! – gritou Mery. – Em Zeldenburgo, no castelo do barão Kosen, havia um tigre misterioso, trazido da Índia. Diziam que era empalhado, mas eu o vi com meus próprios olhos rastejando em minha direção e urrando. Agora que tenho poderes para domar feras diabólicas, farei dele um mascote. Conto com os mestres para que me ajudem a ressuscitá-lo. Imagine, eu levando para minhas festas um tigre domesticado!

— Sem dúvida, isso faria grande sensação; mas acho que deve esperar algum tempo para pôr o plano em ação. O barão Kosen está para vir a Petersburgo; tente encontrá-lo e arrende seu castelo. Você poderá substituir o tigre misterioso por um outro, empalhado de verdade; ninguém notará isso e, quando vier Uriel, peça-lhe para ressuscitar Pratissuria, como a fera é chamada.

— Que nome bonito! Obrigada, Bifru, pelo conselho. Agora, leve embora esse gato nojento.

O gato soltou um forte miado e desapareceu junto com Van der Holm.

Feliz por ficar sozinha, Mery sentou-se na poltrona e pôs-se a examinar alguns papéis sobre a mesa. De súbito, nela bafejou um cheiro, misto de enxofre e cadáver em decomposição.

Quase se sufocando, apressou-se a cobrir o nariz com lenço perfumado. Neste instante, ela avistou Cocotó com seu séquito, rendendo-lhe saudação.

— Ah, é você, Cocotó, com seu bando malcheiroso? Argh! Não dá para respirar! – fez ela, meio brincando, meio séria.

O capeta ficou amuado e fez um beicinho.

— O nosso ex-amo gostava deste cheiro; nós o espalhamos de propósito, querendo agradá-la.

— Fico agradecida. Talvez esse odor seja aprazível para os diabos, mas não estou acostumada com ele. De qualquer forma, agradeço pela boa intenção.

Enquanto Mery acendia um incenso, o capeta acomodou-se no braço da poltrona e disse, todo satisfeito:

— Cumprimos sua ordem, patroa: a família que você nos mandou aniquilar está na indigência. Já lhe falei que o filho se matou e a velha nós despojamos das jóias. A filha fugiu com um aventureiro, levando as últimas economias da casa; a propriedade pegou fogo e a fábrica deles teve greve e amotinações. Correu tudo às mil maravilhas. Houve muitos feridos e alguns mortos, entre os quais o próprio dono da fábrica. Se você for dar um passeio em Gostínyi Dvor, o lugar onde conheceu Bifru, encontrará uma mulher pobre vendendo quinquilharias aos passantes.

O coração de Mery agitou-se de maldosa alegria: ela estava vingada.

— Obrigada, Cocotó! Estou contente com você e lhes darei um regalo pelos esforços.

Ela tirou do armário uma caixa com sangue em pó, misturado a migalhas de pão e açúcar, espalhou a iguaria sobre a mesa e, acomodando-se na poltrona, pôs-se a observar pensativamente os capetas devorando aquilo aos pios. Sua satisfação maldosa, há pouco experimentada, esvaneceu-se subitamente sem que ela compreendesse a razão disso, substituída por angústia vaga.

Ínfimos e aparentemente inofensivos, aqueles seres eram um exército perigoso, semeando em seu caminho crimes e desgraças, hostilidade e homicídios, e toda a espécie de mal. Quantas lágrimas derramaram os infortunados, vítimas do "trabalho" deles. Provavelmente um bando semelhante assediara também a sua família, levou-a à miséria e empurrou seu pai a praticar o suicídio. No coração de Mery agitou-se um sentimento hostil contra os malfeitores minúsculos; imediatamente, porém, ela sentiu uma forte dor no braço, que a arrancou de seus devaneios.

Tendo largado seu petisco, Cocotó mordia com raiva e dolorosamente o braço, enquanto seus comandados também cravavam os dentes em seus pés. Mery compreendeu que seus pensamentos hostis provocaram a retaliação dos servos; porém ela sabia se proteger. Após recitar a devida fórmula que atirou para longe os monstrinhos, pegou da mesa um garfo de bronze e espetou o rabinho de Cocotó ao braço da poltrona. Gemendo de dor, o capeta suplicou por clemência.

— Se ousar comportar-se desse jeito com sua patroa, eu o deixarei espetado neste garfo e, de comida, você só receberá páprica – admoestou ela severamente. – Entendeu? Agora, caia fora e não se atreva a aparecer até que encha com pérolas aquele vaso chinês, no canto.

Desencravando o garfo, ela fez um gesto mágico e pronunciou o esconjuro, após o que Cocotó e seu séquito sumiram como que varridos por rajada de vento.

Durante o tempo subseqüente, nada aconteceu de especial. Uma vez que o inverno estava terminando, era tarde para fazer grandes recepções; não obstante, através de dois co-irmãos, Ukobakh e Abrakhel, Mery fez novas amizades e filiou-se a alguns círculos da irmandade, sob nomes mais inofensivos; algumas organizações eram de acesso restrito, onde se realizavam rituais e sessões satânicas, inclusive curandeirismo.

Por pertencerem os membros a diversas camadas da sociedade, Mery formou um círculo variado de amizade. Passando certa vez num joalheiro, onde foi trocar o engaste fora de moda de uma jóia, ela encontrou uma velha "amiga" – dessas que haviam totalmente esquecido daquela "pobretona", a quem não se dignavam a cumprimentar ou pelas quais era simplesmente ignorada. No início Mery não a reconheceu; mas a ex-"amiga" tendo-lhe avistado os trajes ricos, avaliado as gemas valiosas e se convencido de que a carruagem estacionada na frente da loja também lhe pertencia, logo intuiu que Mery enriquecera. Com a descerimônia com que primam os indivíduos dessa espécie, ela "reconheceu" subitamente sua ex-amiga e apressou-se em manifestar sua satisfação com aquele inesperado e agradável encontro.

Cumprindo as ordens superiores de reatar as antigas amizades, Mery tratou amistosamente a pretensa amiga, por quem no fundo da alma nutria um profundo desprezo. Com maldosa gabolice, mais tarde Mery mostrou-lhe suas jóias e demais tesouros, rindo por dentro da inveja e ódio mal disfarçados da visita, que tivera um casamento infeliz e atravessava problemas financeiros. Da mesma forma, Mery ficou radiante ao encontrar em Gostínyi Dvor, sob cujas arcas ela outrora vendia toalhas, a senhora Bakhválova – pobre, doente e totalmente abalada, vendendo miudezas. Quando Mery, trajando casaco de zebelina, parou diante dela e lhe estendeu uma nota de dez rublos, a infeliz rompeu em pranto.

Certa vez, o irmão Abrakhel informou a Mery sobre o retorno do barão Kosen e, a partir de então, ela buscou uma oportunidade de se encontrar com ele. Como já soubemos do barão, eles se viram rapidamente e, mais tarde, encontraram-se no Jardim Botânico, quando Mery aproveitou para restabelecer a amizade com Lili, sendo convidada por esta a visitá-la em casa.

Mery aceitou o convite e foi à casa de Lili. A jovem lhe

mostrou seus aposentos, constituídos de dormitório, sala de estar, biblioteca e um ateliê; a jovem baronesa pintava aquarelas e gostava de artesanato. Acomodadas na sala de estar, Lili contou os fatos mais importantes de sua vida nos últimos anos e acrescentou, fitando Mery:

— Como você mudou, Mery! Está ainda mais bonita que antes, mas há algo em seu olhar diferente e estranho. Sei que você passou por muitos infortúnios e perdeu o marido – o que deixa marcas. Diga-me: você o amava muito?

— Certamente, eu amava Oscar. Ele era uma pessoa de qualidades raras, infinitamente bondoso e magnânimo, ainda que muito doente.

E ela contou a Lili como conheceu Van der Holm e como se casou, acrescentando com suspiro:

— Seus médicos lhe prescreveram um clima montanhoso e caminhar muito. Num desses passeios nas montanhas do Tirol, ele caiu num precipício e eu herdei todo o seu enorme patrimônio, já que ele não tinha parentes próximos. Sua morte me deixou abalada; atualmente eu vivo na casa legada, onde tudo é repleto de lembranças dele.

Depois Mery falou da morte da mãe, contou sobre os irmãos e, finalmente, expressou seu desejo de alugar o castelo de Zeldenburgo.

— Meu Deus! Você quer ficar naquele lugar assombrado? Meu pai já teria vendido o castelo, não fosse ele um ninho familiar. De qualquer forma, se o castelo não a assusta, eu acredito que o papai concorde em alugá-lo.

— Foi lá que conheci Vadim Víktorovitch e passei os melhores momentos de minha vida.

Nisso veio o barão, e Mery reiterou-lhe o pedido de arrendar a propriedade; após algumas considerações, o barão aquiesceu, colocando uma única condição: a de que Mery jamais entrasse no quarto onde ficava o museu com a estátua de Káli e o tigre.

— Prometo-lhe isso, barão. Não me apraz a vista daquele ídolo asqueroso nem do tigre empalhado; tanto mais que um rajá hindu, que conheci na Suíça, prometeu me dar um tigre domesticado. No início eu relutei em aceitar; assustava-me a idéia de ter uma fera em casa, mas o rajá riu do meu medo e disse: "Lá na Índia, sabemos adestrar os tigres; a senhora vai ver como Pratissuria é manso feito cordeiro". Ele deve estar mandando o animal brevemente.

Ao ouvir a palavra "Pratissuria", o barão estremeceu e pediu que ela repetisse o nome.

— Pratissuria. Conforme me explicou o hindu, significa "o mais belo sob o sol". Provavelmente este nome é muito comum – acrescentou ela, fingindo indiferença.

Alguns dias mais tarde, o contrato de aluguel foi firmado entres as partes. O barão enviou uma carta ao administrador do castelo – um estoniano velho e surdo, meio fraco de cabeça – participando-o do arrendamento e ordenando que a propriedade fosse arrumada para receber a nova inquilina.

Um pouco antes, Uriel escrevera a Mery de sua breve vinda ao Petersburgo, confirmando que ela poderia adotar Pratissuria como mascote.

Não demorou nem uma semana e o satanista veio. Sem demorar na cidade, ele e um subalterno partiram a Zeldenburgo, levando consigo alguns baús, supostamente pertencentes à senhora Van der Holm – o que era natural. O castelo, além do administrador, era guardado por um camponês rude, normalmente bêbado, mas suficientemente corajoso para morar naquele local funesto; ambos ocupavam uma edícula ao lado do castelo. Dois dias depois, Uriel e seu subalterno deixavam o castelo, levando num enorme baú o terrífico tigre, que fora substituído por um outro tigre, artisticamente empalhado.

Uriel chegou à casa de Mery visivelmente satisfeito; o baú foi transportado para o laboratório de Van der Holm, onde já se encontravam Mery e os co-irmãos Ukobakh e Abrakhel. Eles retiraram e colocaram o corpo imóvel da fera sobre um pano vermelho estendido.

Ao se sentar na poltrona no canto do laboratório, Mery pôs-se a assistir à cerimônia mágica. Cobrindo o tigre com um lençol molhado e fumegante, eles acenderam ao seu lado três braseiros em triângulo e Uriel começou a ler as esconjurações de um livro, escrito em tinta vermelha e língua estranha. Em seguida, ele bateu por três vezes com martelo no disco de bronze cabalístico, pronunciando, a cada batida, o nome de Pratissuria; Ukobakh e Abrakhel neste ínterim salpicavam nos braseiros uma espécie de pó, cantando cadencialmente. Uma densa fumaça encheu o laboratório, e o odor cáustico e sufocante tolheu a respiração de Mery, deixando-a tonta. As nuvens de fumaça escureceram e começaram a reverberar em faíscas multicolores. Subitamente, uma rajada de vento dissipou-a e Mery soltou um grito de pasmo.

O lugar estava irreconhecível: as paredes desapareceram e diante dela se assomava floresta virgem, iluminada por luz esverdeada. Da cavidade oca de uma árvore secular espreitava um homem seminu, magro feito esqueleto, cabelos grisalhos e desgrenhados; seus olhos, a arderem feito brasa, pareciam vivos. O faquir se levantou lentamente, agachou-se diante do tigre e, tirando da cintura uma flauta, começou a tocar uma incrível melodia, que fez Mery sacudir-se febrilmente, perguntando-se se aquilo não era um pesadelo. À medida que no ar se propagavam os sons agudos da flauta, do oco da árvore surgiu uma enorme jibóia, que rastejou até o tigre e o enrodilhou com o corpo poderoso em meio a luzes púrpuras e coruscantes. Um clarão ofuscante faiscou da cabeça do tigre, atingindo a jibóia e atirando-a para longe.

Do que sobreveio em seguida, Mery preservou apenas uma vaga lembrança. O corpo do tigre pareceu-lhe inflamarse; tudo em volta balouçou, rodopiou e sugou-se como que por vórtice estrondeante. Ela perdeu os sentidos.

Ao abrir os olhos, Mery viu-se sentada na poltrona do laboratório, que retomou seu aspecto normal. Teria ela sonhado? De chofre seu olhar deteve-se no tigre, deitado calmamente no chão diante de uma bacia de porcelana, lambendo com ronronar de satisfação um líquido vermelho, provavelmente sangue. O animal era de fato esplendoroso em sua beleza selvagem; seu pêlo luzia feito seda e os olhos brilhavam tal qual esmeraldas escuras. Dando-se por satisfeito, a fera se espreguiçou. Abrakhel pendurou-lhe no pescoço um colar de ouro com gravações cabalísticas, engastado ao medalhão; pasma, Mery reconheceu nele o coração de rubi que decorava o colar dado pela baronesa, mais tarde vendido para Van der Holm.

— Vou conversar com ele – disse Uriel, chamando o animal com gesto.

O tigre aproximou-se submisso; o satanista o afagou carinhosamente e pôs-se a lhe sussurrar no ouvido. Era estranho aquele linguajar ora ronronante, ora assobiante, ora murmurejante e imperioso. Pratissuria parecia entendê-lo, aguçava as orelhas e em seus olhos esverdeados fulgia luz de inteligência; fustigando as ancas com o rabo, seu olhar por vezes detinha-se em Mery, com expressão quase humana. Aparentemente o tigre parecia à vontade. Uriel lhe deu um beijo na fronte e a fera esfregou a cabeça no pescoço do satanista.

— Agora vá e dê um beijo em sua nova patroa.

Pratissuria aproximou-se de Mery, empinou-se em patas traseiras e, apoiando-se com as dianteiras nos ombros dela, lambeu-lhe a face. Ao sentir a respiração cálida no rosto, Mery estremeceu, contudo dominou o medo e, sem piscar, afagou a fera. Ronronando, o animal acomodou-se no chão aos seus pés.

— Você pode levá-lo em seus passeios, Ralda; até crianças podem brincar com ele sem correr perigo. Mas cuide para que ele seja sempre alimentado. Vou dizer para Billis lhe fornecer diariamente cinco libras de carne picada e uma bacia de sangue fresco. Estando alimentado, o animal será inofensivo, a não ser contra aqueles que tentarem demovê-la de satanismo. Seja firme em sua fé para evitar quaisquer dissabores.

Mery acostumou-se rapidamente ao novo companheiro; logo, nem o seu cheiro característico lhe causava náuseas.

Através de Uriel, Mery conheceu muita gente na cidade. As visitas dele eram freqüentes. O satanista a divertia muito contando episódios engraçados sobre pessoas que se intitulavam "mestres em magia negra" ou "membros proeminentes da seita satânica". Parvos, de inteligência limitada, eles davam-se ares de importância por suporem conhecer os "grandes poderes mágicos" – o que os fazia ridículos.

— Cuidado, Ralda: não confie a esta gentalha qualquer informação arcana! Ainda que eles nos sejam úteis, devemos evitar de muni-los de poderes perigosos. Com tempo, depois que você estudar profundamente a nossa doutrina, vai entender melhor todo esse nosso cuidado, por mais engraçadas que possam parecer essas pessoas.

A sensação que Mery produziu ao sair com Pratissuria na rua foi enorme. No início, em passeios dos dois de carruagem ou caminhando no Jardim do Verão, os passantes ficavam aterrorizados com o terrífico mascote; mas, com o tempo, o andar majestoso e a aparência dócil de Pratissuria eram motivos de admiração menos apreensiva. Os mais ousados até se arriscavam a afagar-lhe o dorso e ofereciam comida; ele aceitava os regalos, surpreendendo a todos com a arte dos hindus em domesticar feras.

A princípio, o animal também infundia em Lili um pavor incontrolável em suas visitas a Mery; contudo ela logo se acostumou à sua presença e até aceitou que Mery a visitasse com ele, já que não gostava de sair sem sua companhia.

III

No vagão da primeira classe do trem expresso que ia a Petersburgo, encontravam-se dois homens em trajes elegantes de viagem. Um deles era o príncipe Eletsky, o outro – o brâmane Ravana Veda, em quem dificilmente alguém reconheceria o doutor Zatórsky, cujo russo estava meio enferrujado; seu inglês e francês, porém, eram fluentes, pois era nessas línguas que ele se comunicava com seus mestres e orientadores. Os viajantes estavam meditativos. À medida que se aproximavam da capital, uma angústia indefinida tomava conta de Vadim Víktorovitch. Assomavam-se-lhe as recordações de sua velha tia, sua casa com objetos queridos, lembrando as pessoas próximas e caras. Tudo aquilo estava irremediavelmente perdido, disperso ou apossado por outro herdeiro. Sua mãe de criação estava morta; o passado, tanto como ele, ficou enterrado sob a cruz lapidar na sepultura do doutor Zatórsky. Pela primeira vez ele experimentou a amargura de sua solidão e o peso da necessidade de refazer a vida na nova condição. Não eram, contudo, as preocupações materiais a causa de suas apreensões, já que na algibeira seu talão de cheques lhe assegurava uma situação segura, e tudo por conta da irmandade. Por dentro, ele estava meio constrangido em ter aceitado a hospitalidade do barão, mas também não tinha uma causa justa para declinar do convite e precisava, além disso, orientar-se antes no novo ambiente, já na qualidade de um estrangeiro.

Finalmente o trem adentrou as abóbadas de vidro da Estação de Varsóvia e, ao saírem do vagão, os amigos avistaram o barão, procurando-os na plataforma.

Maximiliano Eduárdovitch também havia mudado muito: seu alto talhe encurvou-se, a fronte cobriu-se de rugas e o cabelo e a barba embranqueceram.

"Terão sido os remorsos que o envelheceram tanto?" – perguntou-se o doutor, examinando o barão a abraçar alegremente o príncipe, feliz pelo reencontro.

Eletsky apresentou então seu companheiro; apertando-lhe a mão, o barão atestou a Ravana Veda, em inglês, que este o lisonjeara com a honra de acolhê-lo em casa. Com certo alívio o doutor verificou que o barão não o reconhecera.

Lili aguardava a chegada dos viajantes com ansiedade febril. Após ter reexaminado os aposentos reservados aos hóspedes, ela espalhou pelos cantos vasos de flores para criar um ambiente mais aconchegante e, depois, passou em revista a mesa posta, servida magnificamente. Acotovelada no parapeito da janela da sala de estar, ela se pôs a observar a rua; seu lindo semblante, geralmente pálido, ardia em rubor intenso.

Lili se tornara uma jovem atraente, esbelta e graciosa, com enormes olhos negros e dóceis, como de uma gazela, e bastos cabelos cor de cinza, muito raros. Indubitavelmente, seus encantos podiam despertar a paixão masculina; mas, simples e tímida, Lili não pensava nisso. Seu nervosismo se explicava pela alegria de reencontrar seu orientador, a quem devotava uma adoração irrestrita desde criança.

Finalmente ela avistou o automóvel do pai, estacionando junto ao portão, e, um pouco mais tarde, no vestíbulo se ouviu a voz do barão, expedindo ordens, e uma outra, tão familiar, há muito tempo não ouvia.

Sua alma agitou-se em sentimento de bem-aventurança; ela cerrou os olhos e premeu a mão contra o coração palpitante. Uma voz alegre a ela dirigida fê-la abrir rapidamente os olhos, embaraçada.

— Elizaveta Maximiliánovna, não quer ver seu velho amigo?

Ela estendeu as mãos ao príncipe, que a fitava com admiração indisfarçável.

— Oh, muito pelo contrário, estou feliz com a chegada de alguém a quem eu devo muito pelas orientações recebidas.

— Todo mérito é seu, já que conseguiu aplicá-las na prática – considerou o príncipe, beijando-lhe as mãos delicadas. – Mas como você cresceu e mudou, minha pupila! Posso chamá-la como antigamente: *mademoiselle* Lili?

— Claro, claro, ou simplesmente Lili, se quiser. O senhor é meu mestre e orientador.

O príncipe riu.

— Não quero abusar de meu cargo. Permita-me então apresentar-lhe meu amigo, Ravana Veda, médico e cientista hindu.

Lili estendeu a mão em gentil saudação e o seu olhar escorregou indiferente pela figura alta do hindu curvado. Nisso, seus olhares se cruzaram e, estremecendo, Lili fitou curiosa o rosto brônzeo do desconhecido. Seus traços não lhe diziam nada, todavia os olhos... Onde ela já havia visto esses olhos bondosos e meigos?...

O chamado do barão para o almoço interrompeu a conversa e todos passaram ao refeitório. O príncipe não deixou de notar o modo com que Lili observava seu amigo hindu, conversando com o barão, e, curvando-se a ela, perguntou a meia voz:

— Você não gostou do meu amigo? Por que estremeceu tão logo o viu?

— Não, não é isso. Surpreenderam-me os seus olhos. Eles não lhe lembram alguém conhecido?

Com a resposta negativa do príncipe, ela tornou:

— O senhor provavelmente o conhecia pouco, mas eu me lembro bem: o olhar desse hindu é igualzinho ao do doutor Zatórsky. A semelhança dos olhos é surpreendente e...

— Sem dúvida, é curioso que alguém nascido nos trópicos se pareça com um nortista típico da Rússia, já falecido – interrompeu o príncipe.

— O doutor sempre foi bom conosco e sempre o estimei. Eu descobri que Vadim Víktorovitch fora enterrado perto do túmulo de sua tia no cemitério Aleksandr Nevsky e achei sua sepultura. Ela estava completamente abandonada e a cruz de madeira se encontrava caída. Seu primo, que ficou com toda a herança, bem que podia lhe erguer um monumento adequado. Teria sido melhor que seu corpo permanecesse em Zeldenburgo, no nosso jazigo familiar – concluiu Lili, com desgosto.

— Eu mandarei construir-lhe uma bela lápide.

— Isso já foi feito. Atendendo ao meu pedido, meu pai me deu dois mil rublos e eu mandei erguer um maravilhoso monumento em mármore branco com canteiro de flores, onde um guarda mantém uma lamparina sempre acesa diante do ícone da Virgem Santa. Sempre que posso, eu vou lá para orar e levar flores frescas.

Falando em russo, em sua excitação, ela não percebeu o olhar enigmático que lhe deitou o hindu.

— Sabe, Aleksei Adriánovitch – tornou ela, em voz mais baixa, e após um minuto de silêncio –, eu ouvi dizer que os empregados em Zeldenburgo têm visto minha mãe correndo pela galeria de vidro e fazendo gestos desesperadores. Sem dúvida, sua alma está penando, pois ela morreu sem se arrepender. Oh, que pecado terrível pesa sobre meu pai! Diga-me: não é possível fazer algo para que ela descanse em paz no túmulo?

— Preciso pensar. De qualquer forma, rezarei muito por ela – adicionou o príncipe, fitando com compaixão os olhos perturbados e úmidos de Lili.

Após o almoço a conversa continuou e a jovem baronesa falou de Mery, observando que esta mudara muito.

— Não gostei da casa dela. Apesar de todo o seu luxo, fiquei mal impressionada com os ídolos de demônios, colocados na ante-sala. Sem falar de suas manias, no mínimo estranhas: ela não se separa de seu tigre adestrado e, agora, quer passar o resto do verão naquele castelo assombrado de Zeldenburgo.

— O barão me falou dessa sua fantasia estranha, tanto mais depois de tudo que ela passou.

— Sabem, tenho a impressão de que, apesar de seu casamento, ela não se esqueceu de Vadim Víktorovitch. Quando eu lhe expressei a minha estranheza de ela ir morar no castelo, ela comentou em tom triste: "Aquele local me é caro, pois ali eu vivi os melhores momentos de minha vida".

Os dias que se seguiram foram para Lili uma aventurada tranqüilidade; ao contrário, para o príncipe e seu amigo – marcados por trabalho exaustivo.

O doutor preparava-se para iniciar seus tratamentos, baseados na medicina hermética; Eletsky ultimava a edição de uma obra, trazida em manuscrito. Ele não se enganara quanto à dificuldade de fazer um livro, cujo teor contrariava os conceitos arraigados com nova ideologia, abrindo horizontes totalmente ignotos.

Certo dia, o príncipe fazia uma palestra no auditório da casa do barão diante de um numeroso público, sobre o seu livro. O tema abordava, entre outras coisas: as tonalidades das cores dos pensamentos irradiados e a força da corrente do córtex na meditação, comprovada pela capacidade de fazer subir ou descer o nível do mercúrio no termômetro, sob a força fluídica do experimentador. Não menos interessantes eram as experiências para ressuscitar, através de correntes astrais, as gemas valiosas, pérolas "mortas", flores murchas, insetos e pequenos peixes e, finalmente, os experimentos com a exteriorização do corpo astral e o enfrentamento da morte. A palestra excitou curiosidade entre os ouvintes pertencentes à "nata" da sociedade, e uma vez que alguns se interessavam pelo ocultismo e tinham algum problema de doença, estes se candidataram a fazer um tratamento hermético com o "inigualável" hindu Ravana Veda.

Quando os amigos se viram sozinhos, o doutor parabenizou o príncipe com seus primeiros futuros leitores.

— E você, parabéns por seus primeiros pacientes! Entre eles há muitas damas, querendo se tratar de graça.

— De fato, inscreveram-se dezesseis mulheres – o que não é nada mal para começo. É uma pena que todas essas damas e os distintos cavalheiros apresentam basicamente possessão demoníaca. Vai ser difícil fazê-los entender isso.

— O caso mais difícil é o de Mery. Encontrei-a hoje na Rua Morskaya, com seu terrível mascote sentado no banco dianteiro do coche. Aposto que aquele tigre é o mesmo Pratissuria do castelo de Zeldenburgo. Mery está linda, mas seu séquito oculto é asqueroso; arrancá-la das garras dos satanistas não vai ser fácil.

— Temo que a matem – observou o doutor com tristeza.

— Não, não, Vedjaga Singa prometeu nos ajudar! – redargüiu o príncipe.

O doutor nada comentou; ele parecia triste e apreensivo.

No outro dia, de manhã, o doutor foi para o cemitério Aleksandr Nevsky e orou demoradamente junto ao túmulo da tia; mais tarde, encontrou também o monumento em sua homenagem. Com nervosismo compreensível, ele vislumbrou a cruz de mármore, recostada à qual estava uma jovem encoberta por véu; aos pés do túmulo havia buquês de flores. Certamente era Lili – moça boa e encantadora, que se preocupava com sua alma. Que recordação comovente ela lhe guardava! Malgrado sua ingenuidade naquela época, ela intuía que o "amor materno" da baronesa e a educação absurda, dada aos filhos, não passavam de uma comédia, onde ela interpretava o papel de mãe ciosa e esposa devotada. Ao recordar-se da mulher cínica e criminosa, que o escravizara e lhe arruinara a vida, ele foi tomado de nojo e vergonha pelo passado.

Como gostava de passear, ele foi andando a pé pela Avenida Nevsky, divertindo-se, meio sobressaltado, ao topar com velhos amigos, conhecidos ou ex-pacientes; porém ninguém o reconheceu.

Ao lado de uma loja rica, na esquina da Avenida Nevsky e Rua Morskaya, ele viu subitamente Mery. Ela estava saindo da carruagem, deixando Pratissuria dentro, e quase esbarrou no doutor ao passar por ele; seu olhar apenas escorregou indiferente, ao vê-lo esquivando-se da trombada. Vadim Víktorovitch ficou junto da vitrine, aguardando com coração acelerado sua saída da loja. Que mudança radical se operara naquele ser encantador e puro, que consagrara seu coração a ele! Ela estava ainda mais bonita, mas que preço pagou por sua beleza demoníaca, ao empenhar a alma!... O que não daria para saber se ela ainda sentia algo por ele, ou que dele não se esquecera! Bem, de qualquer forma, para salvá-la e arrancá-la do poder do mal, estaria disposto a sacrificar a vida, sem quaisquer outras intenções...

O doutor e o príncipe estavam assoberbados de trabalho. Eletsky acompanhava a impressão de seu livro, a ser lançado com ampla propaganda; o doutor preparava sua clínica. Ele havia alugado, perto do barão, um prédio com jardim, de dois andares, seis cômodos em cada um. No térreo, localizavam-se a sala de recepção e a biblioteca – tudo modestamente mobiliado; no segundo andar, havia quatro salas para homens e mulheres, um salão amplo e, em anexo, um quarto destinado para uso especial.

Neste último, localizava-se no centro um grande disco metálico, furado tal qual peneira, embaixo do qual se via um braseiro.

Numa mesa, dentro de bacia de cristal com água jazia mergulhada uma cruz reluzente; em castiçais altos viam-se velas brancas de cera; numa outra mesa, dentro de um vidro com tampa eram guardadas as hóstias magnetizadas. Uma das paredes da sala ostentava um enorme quadro, representando o momento em que Cristo operava a cura de um homem possuído, cujos demônios obsessores, incorporando-se em porcos, atiram-se no mar. O semblante do Salvador, maravilhoso pela expressão do poder e da força de vontade, produzia um efeito grandioso.

Na manhã do dia da inauguração da casa de saúde e do primeiro dia de consultas, o príncipe observou:

— Está chegando a hora de seu primeiro desafio, amigo Ravana. Imagino o susto de seus encantadores pacientes, quando você lhes revelar as verdadeiras causas de seus males.

— Sinto-me tal qual um escolar antes do exame. Falta-me a "muleta", ou seja, o diploma, a que me acostumei e do qual me orgulhava, malgrado minha ignorância.

No salão, já descrito antes, reuniram-se cerca de trinta homens e mulheres, a maioria com alguma doença. O doutor entrou e subiu num pequeno estrado; depois de saudar o público presente, ele fez um pequeno discurso.

— Prezadas senhoras e senhores! Permitam-me, antes de tudo, agradecer-lhes a presença aqui, onde eu quero mostrar-lhes alguns métodos de tratamento, diferentes dos que se aceitam pela ciência oficial. Eles se fundamentam na ciência hermética, atualmente tratada com desprezo, mas que não lhe diminui a importância. Segundo a grande premissa desta ciência, nunca podemos dizer que uma determinada doença é "incurável". Se não sabemos a sua origem ou não conseguimos tratá-la, o mistério da cura do mal deve ser procurado não em causas físicas, mas morais e ocultas, pois trata-se de doenças de fundo espiritual e astral, que afetam o corpo físico.

Um genial cientista, Paracelso – quase desconhecido hoje –, estabeleceu cinco causas de todos os tipos de doença. Entre outras, a benigna ou maligna influência dos astros celestes, pois tudo na natureza está associado ao bem ou mal, ao puro ou impuro. A segunda causa, na opinião de Paracelso, deve-se à existência de princípios maléficos que debilitam o organismo em conseqüência de seus efeitos, ou – em palavras mais claras – a influência que exercem os espíritos do mal sobre o organismo ou o corpo a ele subordinado através de expedientes específicos. Analisemos as causas que sujeitam um organismo à ação dos seres e fluidos maléficos. Descobrir a causa é achar a chave para tudo. Sendo fraco, o homem vive praticando atos repreensíveis e pecados morais, que desencadeiam pecados físicos. Para efeito de ilustração, posso citar aqui os intentos impuros, as paixões e os vícios sórdidos, entre os quais a devassidão, a embriaguez, a avareza, que atraem ao homem seres invisíveis da mesma categoria. Pessoas cruéis, ambiciosas e impiedosas convocam a si o ódio, a hostilidade e as danações; os miasmas fluídicos, atraídos por tais sentimentos, infiltram-se no sangue e grudam num órgão enfraquecido, precipitando uma doença perigosa e dita incurável. A profunda descrença e o desprezo do homem por rituais religiosos purificadores, sua preguiça de orar, desarmam-no finalmente, deixando-o à mercê da possessão, da obsessão ou de outros males, que lhe destroem em seguida o corpo. A medicina hermética, que eu lhes proponho, faz uso de aromas, cores, música e outros expedientes mágicos, que acabam com a doença pela raiz.

Depois de expor os diferentes sistemas de tratamento, o hindu sugeriu que os ouvintes se convencessem, na prática, sobre a eficácia da cura.

Um dos presentes, portador de uma profunda forma de neurastenia que não cedia a nenhum tratamento, ofereceu-se para ser o primeiro a se sujeitar à experiência. Era um homem quarentão que arrastava uma perna e se apoiava numa bengala; o rosto amarelado, cheio de rugas precoces, e os olhos cansados e opacos, testemunhavam a gravidade da doença.

O doutor o convidou para o quarto contíguo e pediu que ele se despisse.

— Vou me resfriar, sou muito sensível ao frio – protestou o enfermo.

— Não tenho dúvida de que o senhor sente frio em todo o organismo. Tem dor nas costas, mãos e pés; além disso, o senhor sofre de tiques nervosos, dispnéia e tontura. A insônia e a ausência de apetite exaurem-lhe as últimas forças; a taquicardia e a cabeça pesada não o deixam trabalhar. Mas não tema resfriar-se; dispa-se e coloque esta camisola de lã! Muito bem, agora junte suas coisas e siga-me!

Eles passaram ao quarto já descrito antes e então o médico perguntou:

— O senhor acredita em Deus?

— Devo reconhecer que não muito. Sua pergunta me desconcerta: vim para tratar-me e não para confessar minhas convicções religiosas – protestou o enfermo com desdém.

O doutor largou um sorriso.

— O senhor está enganado. Se ouviu atentamente minha palestra, deveria ter compreendido que o estado moral afeta intensamente o físico. As conseqüências ocultas do modo de sua vida não contribuem para que o senhor goze de perfeita saúde. O senhor vive de agiotagem; muitos dos que foram pelo senhor dilapidados acabaram se matando e agora o perseguem com ódio implacável. Até com seus próximos, o senhor é avaro e perverso: seu irmão, adoecido em conseqüência das privações, morreu no hospital, e sua mãe passa por dificuldades. As maldições e injúrias geradas por seus atos recaem no senhor, afetando-lhe a saúde.

Cadavericamente pálido, olhos esbugalhados e tremendo de pasmo e ódio, o paciente ouviu o médico, que calmamente desmascarava seus atos perversos de conhecimento de poucos.

— Agora, se o senhor quiser se curar, fique de joelhos e suplique a Cristo pela misericórdia; em sinal de arrependimento, escreva neste papel a relação de seus malefícios e depois o atire no braseiro – acrescentou o doutor.

O aborrecimento do paciente deu lugar à apreensão. Ele ajoelhou-se, escreveu uma lista comprida de seus pecados e atirou o papel no braseiro. O médico ordenou então que ele se postasse de joelhos no disco furado e atirou um punhado de ládano nos carvões do braseiro. Colunas aromáticas envolveram o enfermo; Ravana benzeu-o com água benta, recitando preces purificantes e fórmulas mágicas.

O enfermo começou a gemer e contorcer-se, queixando-se de dor lancinante em todo o corpo, do qual subia em espiral fumaça negra; por fim, ele desabou em pranto convulsivo.

— Se o senhor se arrepende sinceramente de seus equívocos, pense numa forma de reparar o mal causado aos seus semelhantes. Ou o senhor não pretende fazer isso? – perguntou o doutor.

— Sim, sim, eu quero reparar tudo. Queimarei as notas promissórias dos devedores e aliviarei o infortúnio das viúvas e órfãos; darei uma pensão à mãe, mandarei erguer uma cruz no túmulo do meu irmão e encomendarei uma missa pela paz de sua alma – balbuciou o enfermo.

— Suas intenções são louváveis, mas não as fique postergando. Agora desça, tenho dc purificar também as suas vestes.

O enfermo desceu no chão e subitamente exclamou alegre:

— Estou me sentindo bem melhor; meus membros movem-se livremente, a dor na mão passou por completo. Ó, senhor Ravana Veda, o senhor é um milagreiro fabuloso!

— Sou apenas um humilde discípulo da ciência hermética. Prometo-lhe seu restabelecimento completo, desde que fique trilhando o caminho da verdade.

Quando o paciente se vestiu, o doutor lhe deu algumas hóstias magnetizadas, para serem ingeridas de manhã e de noite, e um frasco com essência para esfregar no corpo, ordenando-lhe que voltasse uma semana depois.

Entre outros pacientes, Zatórsky recebeu também uma dama, que chamara sua atenção devido às vestes excêntricas. Desfiando os inúmeros males que a atormentavam, ela, posando de Níobe[1], lançava ao hindu olhares maliciosos.

— A senhora é casada? – interrompeu ele as suas lamentações.

— Sim. Meu marido me adora – respondeu ela, dengosa.

— E, como recompensa, a senhora o trai com tanta naturalidade? A senhora tem um amante, e esse relacionamento não é segredo nem para seus filhos, que a senhora per-

(1) Mitologia grega – Rainha da Frígia, transformada por Zeus numa estátua chorosa. (N.T.)

verte com seu exemplo. Além disso, a senhora recorre à feitiçaria e às forças obscuras para subjugar o marido e o amante. Enquanto prosseguir com tais sacrilégios, ficará incurável, pois só através de sacrifícios merecerá a misericórdia e o perdão.

Pega de surpresa, rubra de raiva e indignação, ela se recompôs um pouco e gritou:

— Como o senhor se atreve a dizer isso? Em vez de me cuidar, o senhor está me ofendendo. O senhor é um homem vulgar e, no mínimo, nunca lidou antes com uma mulher de alta-roda. Saiba pois, seu ignorantão, que os meus únicos feitiços são a minha beleza, e os meus assuntos íntimos não lhe interessam. Não quero seu tratamento de charlatão e direi aos meus amigos que o senhor é um espião. Acharei quem me cure.

— Tenho dúvidas. Seu câncer já está bem adiantado; para a ciência que só trata do corpo físico, a senhora está desenganada.

Sem nada dizer, ela saiu feito *Fúria* do quarto.

Vadim Víktorovitch contou o episódio ao príncipe e ambos riram a valer.

— Você é um médico bem indelicado. Como pôde comentar seus segredos íntimos e ainda lhe dizer que sua enfermidade se deve aos "prazeres mundanos", impossível de ser curada com águas medicinais ou mesa de roleta?

— Tem razão, Aleksei; fui indelicado. Mas como às vezes é gostoso atirar a verdade nessas pessoas dissolutas, mesmo tendo que ouvir epítetos nada honrosos de "vulgar", "ignorantão", "espião" e "charlatão", com que ela me chamou – acresceu o doutor rindo, sendo secundado pelo amigo.

Apesar do constrangimento que alguns pacientes experimentaram em conseqüência da demasiada franqueza do médico hindu, o afluxo do público ao sanatório hermético aumentava a cada dia. Ali se realizavam curas de fato milagrosas; os "desenganados" se recuperavam corporal e espiritualmente, e Ravana mal conseguia atender a todos os pacientes. Ele clinicava unicamente ali, em horários determinados, e recusava-se a atender os pacientes em domicílio, para preservar a liberdade e ter seus momentos de repouso. Seu coração, contudo, estava aflito, pois Mery abandonou Petersburgo.

Para o espanto de seus conhecidos na alta-roda, que consideravam Zeldenburgo um local nefasto, ela viajou para o castelo, movida por recordações que ainda se espreitavam nos recônditos de sua alma. Ali se havia desencadeado o drama lúgubre que lhe subtraiu a pessoa amada; mas o medo, este ela dominou havia muito tempo. Decidida a passar no castelo umas seis semanas, para lá ela se dirigiu em companhia de Pratissuria e da criada, intimorata como a patroa.

Uma angústia estranha por algo para sempre perdido assaltou-se dela ao ver o castelo, onde nascera seu primeiro amor. Cada canto, cada objeto lhe falava dele; o barco lembrava-lhe o passeio sob o luar, o salão era motivo da recordação de quando dançava com ele, o antigo quarto – da confissão de amor e do primeiro beijo de Zatórsky. Ansiosa por rever os traços do ex-noivo, ela lembrou-se de que no *boudoir* da baronesa, sobre a escrivaninha, havia um retrato do doutor; porém este já não estava lá e as gavetas achavam-se trancadas. Utilizando suas próprias chaves, conseguiu abrir uma delas e encontrou, no meio de diversas miudezas, um retrato em aquarela de Vadim Víktorovitch. O pintor por certo era um artista genial, pois a obra era muito fiel. Mery colocou-a diante de si e pôs-se a admirar os traços queridos; quanto mais olhava para os olhos vivos que a fitavam, mais a angústia dolorosa apertava-lhe o coração.

Ele é que era feliz, e ela?... Oh, por que a morte não a alcançou quando ficou doente depois de voltar para casa?

Quantos sofrimentos teriam sido evitados; ela jamais teria sucumbido ao sorvedouro do mal, ao qual foi empurrada pela indigência... Uma dor lancinante em todo o corpo e o rugir surdo de Pratissuria lembraram-lhe que os seus pensamentos vagavam em zona proibida. Oh, essa vigilância odiosa!... Soltando um riso seco, ela se levantou, afagou o tigre e saiu levando o retrato; ali ele não serviria para ninguém, enquanto para ela era uma recordação cara.

O tempo posterior escoou-se calmamente. Mery lia, estudava, passeava e sonhava. Ela viu também a baronesa, esfarrapada e ensangüentada, vagando pela galeria de vidro, e uma vez até esta tentou atacá-la. Porém, o espírito errante hostil foi amansado por Mery e não apareceu mais no castelo.

De volta a Petersburgo, ela levou consigo o retrato de Zatórsky. Sua intenção era perguntar para Lili onde o doutor fora enterrado, para fazer uma visita ao seu túmulo. Tais visitas não eram proibidas aos membros da irmandade, freqüentemente obrigados a participarem de cerimônias fúnebres, quando uma ausência poderia suscitar suspeitas; eles só evitavam entrar em igrejas.

Chegou a primavera quente e maravilhosa, rara para Petersburgo; muitas famílias haviam retornado para a capital, cuja vida se animou. Entre os conhecidos de Mery havia uma certa baronesa Dogel – uma alegre mulher de alta-roda, que vivia procurando novas diversões. Mery já a conhecia antes, mas depois a perdeu de vista; agora ela a reencontrava num círculo de ocultistas, onde a baronesa se imaginava erradamente iniciada em ciências "arcanas" e disso se orgulhava. Como seu filho deveria prestar exames na escola, ela retornou da casa de campo antes que habitualmente.

De índole empreendedora, a baronesa logo inventou um bazar beneficente, cujos lucros seriam revertidos para ajuda às vítimas de uma aldeia queimada. Ao saber do retorno de Mery, a baronesa foi procurá-la em casa a fim de que participasse do bazar.

— Vai ser divertido. Todas as vendedoras terão seus uniformes e, para a senhora, eu reservei um belo quiosque. Teremos dois grandes chamarizes: o príncipe Eletsky e um hindu de Benares – famoso por suas curas maravilhosas. Devo acrescentar que, além de seus conhecimentos em medicina, Ravana Veda é um homem muito bonito; ele prediz o futuro melhor do que qualquer Nostradamus. Seu quiosque por certo atrairá muita gente.

— Eu gostaria de consultá-lo sobre o meu futuro, mas como o farei, tendo que tomar conta da minha barraca? – perguntou Mery.

— Não se preocupe! Uma sobrinha minha vai ajudá-la, de modo que a senhora arrumará um tempo para conversar com ele. Lili Kosen também terá sua banca; o pai dela doou para o bazar algumas antigüidades raras.

Finalmente chegou o dia do bazar, cuja decoração e os artigos disponíveis à venda faziam jus ao bom gosto da baronesa.

Cada quiosque decorado ao estilo do gênero dos artigos vendidos tinha sua vendedora em trajes típicos. Em roupa de vestal, Lili tomava conta de uma banca imitando gruta, decorada com estátua de Vesta, onde eram oferecidas lâmpadas originais, abajures, louça de cerâmica, incensos, fósforos; Mery, vestida de italiana, vendia flores, bijuterias e demais miudezas. Uma das grandes atrações era o quiosque do príncipe Eletsky, cujas poções de amor, perfumes orientais e talismãs faziam grande sucesso. Seu maior concorrente era Ravana Veda, instalado num pequeno pagode, cuja entrada era guardada por um faquir. O “feiticeiro hindu” predizia o futuro e mostrava o passado, consultando espelho mágico. Entre os consulentes, não havia quem saísse do pagode sem se admirar, pasmado com as revelações do feiticeiro hindu.

Mery remoía-se de curiosidade: "O que estará me guardando o futuro? Será ele tão pavoroso como o foi para Van der Holm? Adivinhará o feiticeiro quem sou eu de verdade?" Aproveitando um minuto oportuno, ela correu até o pagode, sendo ali admitida sem esperar na fila.

Seu minúsculo interior estava mergulhado em semi-escuridão; no fundo do ambiente, via-se um grande espelho mágico de superfície turva; duas poltronas ladeavam uma mesinha, sobre a qual o hindu remexia algo num estojo aberto. Mery esquadrinhou com o olhar curioso a figura alta e esbelta do "feiticeiro", trajando túnica branca e turbante de musselina. Sem motivo aparente, por sua espinha percorreu um arrepio gélido, ao ser convidada para se sentar e indagada sobre o que queria saber.

— Diga-me se terei uma vida tranqüila e que tipo de morte me aguarda? – perguntou ela, estendendo a mão.

O hindu tomou-a e curvou-se diante da palma acetinada; os dedos do adivinho estavam gelados e a Mery pareceu que eles tremiam.

— A vida, pela qual optou, irmã Ralda, não pode ser tranqüila ou sem sobressaltos. Os espíritos das trevas vigiam-na e criam em seu caminho diversos obstáculos, o que lhe trará muitos sofrimentos. O inferno exige um tributo pelas benesses terrenas que lhe são prodigalizadas.

Mery ficou pálida, estremeceu e saltou da poltrona. Surpresa e apreensiva, ela fitou o hindu, que a olhava com tristeza e compaixão. Aquele olhar parecia-lhe incrivelmente familiar, mas onde ela poderia tê-lo visto?

— Irmão, o senhor deve ser um dos *nossos*, já que conhece meu nome – balbuciou ela indecisa.

O hindu meneou a cabeça em sinal de negação.

— Não, não sou um dos *seus*. Apenas sou clarividente e sua vida para mim não é mistério. Quanto à sua morte, não posso lhe dar uma resposta conclusiva: seu futuro é nebuloso. Só posso lhe dizer que a senhora se encontrará diante de um dilema: retornar à luz ou continuar adepta do inferno. Não consigo prever a opção que será feita.

— Minha opção já está feita e estou firme em minhas decisões. Como o senhor não é um dos nossos, espero contar com sua discrição – disse Mery em tom frio, dirigindo-se à saída.

Lugubremente sobressaltada, ela deixou o pagode. A alegria do bazar estava estragada; ao retornar para casa, mergulhou em devaneios, pensando em avisar Uriel, mas logo descartou a idéia. Que mal pode haver se o hindu conhece a verdade? Que ele ficaria calado, disso ela não tinha dúvidas; indispô-lo com Uriel, era-lhe desagradável por algum motivo.

Passados alguns dias, Mery tranqüilizou-se por completo e o incidente no bazar já não a perturbava. Ela acabou aceitando o convite de almoçar na casa de Kosen, sabendo que lá encontraria Ravana Veda. A pedido de Lili, instruída pelo príncipe, Mery levou o seu mascote, pois os convidados do pai queriam ver a fera domesticada.

Na sala de estar já se encontravam o barão, o príncipe e o hindu. Mery apertou a mão do príncipe e respondeu friamente à reverência respeitosa do hindu. Após dar um beijo em Lili, que acabara de entrar, subitamente o tigre lhe chamou a atenção. Pratissuria revelava sinais de nervosismo, sacudia-se e roçava-se nela. Cuidando sempre para que o animal estivesse bem alimentado, ela estranhou seu comportamento. Além disso, ao apertar a mão do príncipe, ela sentiu um tremor nervoso e uma sensação de angústia. Uma vez que Pratissuria não revelava qualquer hostilidade, acalmou-se e todos passaram ao refeitório.

O mal-estar de Mery tornou a repetir-se quando ela voltou à sala de estar. Ao lançar um olhar em direção à lareira, viu Cocotó fazendo caretas e apontando para a porta. Seu bando agitava-se atrás dele, sem ousar, entretanto, passar dos limites da lareira. Cocotó adiantou-se a ela, mas nisso Mery interceptou o olhar do príncipe, fitando com expressão de desprezo a lareira. De súbito, uma entidade límpida e nevoenta como que surgiu do nada e interpôs-se no caminho de Cocotó, empunhando uma espada azulada.

"Terá o príncipe visto Cocotó e chamado um guardião?", pensou ela, ao lembrar-se de que o príncipe também estudava ciências ocultas.

Alarmada, Mery olhou para Pratissuria. A fera permanecia deitada com o focinho enfiado entre as patas e mexia nervosamente as orelhas. Mery pensou em ir embora, mas isso seria indelicado de sua parte, de modo que se dominou e continuou a conversa.

Falava-se da Índia. Mery contou sobre o jovem rajá que a presenteara com o tigre e a convidara para visitar aquele país. Ela planejava empreender uma viagem com um casal de amigos para aquelas terras de pessoas bizarras.

— A senhora deve estar se referindo a faquires, Maria Mikháilovna?! São pessoas deveras interessantes, cuja psicologia os europeus não compreendem – considerou o príncipe, tentando sustentar a conversação.

Convidada por Eletsky para ver o acervo de antigüidades indianas e fotos de templos e palácios, Mery desceu com ele e Lili à biblioteca, acompanhada por Pratissuria. Após examinar as raridades, Mery foi levada para um outro salão; mas, tão logo foi cruzado o umbral da porta, o tigre começou a rugir e fustigar as ancas com o rabo.

Com expressão estranhamente concentrada, Eletsky se propôs a lhe mostrar o retrato de um Mahatma genuíno, levou-a até o fundo do salão e descortinou um pesado drapejado do nicho.

Ainda que fosse setembro, já estava escurecendo; o príncipe acendeu uma lâmpada, cuja luz jorrou sobre o retrato de Vedjaga Singa, que parecia incrivelmente real; suas vestes agitavam-se e os olhos fitavam-na feito vivos.

Esta visão assustou Pratissuria. Com urros estrondosos, ele se empinou em patas traseiras, arregalou os olhos para o retrato e depois começou a arranhar o piso com garras poderosas, fazendo saltar lascas de madeira. Teria ele reconhecido o homem que o matou? Ao notar a janela aberta, o tigre atravessou seu vão num salto espetacular e, urrando lugubremente, desapareceu na escuridão do jardim.

Achando que a fera, em seu bote, fosse atacar o príncipe, Lili soltou um grito de terror e desmaiou. Mery sentiu a cabeça tonta e apoiou-se na mesa. O príncipe aproximou-se dela e pegou-lhe a mão.

— De onde é essa fera perigosa? Quem lhe deu esta criatura do inferno? – inquiriu ele em tom severo.

Mery se retesou, soltou-lhe a mão e o mediu com olhar desafiador.

— O senhor me atraiu para uma armadilha e ainda faz perguntas! Isso não é da conta de ninguém – retrucou ela.

— Qualquer pessoa honesta tentaria salvar alguém se afogando. A senhora corre um grande perigo, com risco de perder a alma. Volte a si, Maria Mikháilovna, e quebre o círculo diabólico que a aprisionou. Pratissuria é seu carcereiro. Nesta casa a senhora está segura, pois as forças do mal não conseguem penetrar aqui. Fique conosco e o poder de Cristo a protegerá. Rejeite os demônios que a obsediaram, e o que perder com eles recuperará aqui; eu lhe prometo.

O rosto pálido de Mery franziu-se em convulsões e ela cerrou os olhos com dores insuportáveis.

Garras afiadas pareciam cravar-se em seus ombros como que tentando tirá-la dali e mãos glaciais apertaram-lhe o pescoço tolhendo a respiração; ela se sufocava e estremecia em convulsões. Com esforço quase inumano, recompôs-se, desvencilhou-se bruscamente da mão do príncipe que a amparava e gritou, fora de si:

— Não me toque! Eu lhe proíbo isso e não tente me converter à força. Pertencemos a dois lados antagônicos; eu escolhi o meu espontaneamente e por isso ficarei fiel a ele.

Ela se virou e saiu correndo, quase esbarrando no barão e no hindu, na porta. Ao ouvirem os urros pavorosos do tigre, eles acorreram para saber o que estava acontecendo. Passando ao lado do doutor, Mery sussurrou-lhe surdamente, medindo-o com olhar desdenhoso e hostil:

— Espião, traidor!

IV

Saboreando frutas, Billis e a camareira de Mery conversavam no jardim da casa, quando sua atenção foi despertada por rugidos estranhos e barulho de animal pesado forçando a cerca. Ambos saltaram dos lugares e, quando Billis abriu o portão, viu Pratissuria estendido inerte.

— Pela barba do bode! O que é isso? – exclamou Billis, ajoelhando-se ao lado tigre e examinando-o. – Não está morto, pois está respirando. O que será que aconteceu? E onde está a patroa?

— Não teria ele pisado num objeto sagrado? Ou, quem sabe, foi borrifado com água benta ou topou com algum homem santo – desfiava conjecturas a camareira, ajudando Billis a transportar o animal para o vestíbulo.

— Uriel ficará uma fera se o deixarmos morrer. Tomara que a patroa volte logo, pois eu não sei o que fazer – lamuriou-se Billis, esfregando a cabeça do tigre com toalha molhada.

Uns dez minutos depois, um automóvel a toda velocidade aproximou-se do portão e no vestíbulo entrou Mery, nervosa e pálida. Ao ver o tigre desfalecido, curvou-se diante dele e ordenou que telefonassem a Zepar, comunicando-lhe o ocorrido e pedindo que ele viesse imediatamente.

O irmão Zepar, que vivia por perto, chegou rápido e encontrou Mery e os criados ocupados com a reanimação de Pratissuria.

Zepar era um homem de meia-idade, rosto moreno e aspecto enérgico. Após examinar o tigre, ele tirou do bolso um estojo de marroquim com diversos frascos de cristal. Após encher uma colher com líquido de um dos frascos, ele o verteu na boca do animal, cuja cabeça Billis amparava. O tigre sacudiu-se e, quando Zepar lhe umedeceu a cabeça com uma essência aromática, soltou uma respiração rouca e abriu os olhos.

— Rápido, Billis, arrume um bom pedaço de carne – ordenou Zepar, afagando o tigre soerguido e visivelmente satisfeito, roçando-se em seu joelho.

Tendo se refestelado com um grande pedaço da carne bovina, Pratissuria recuperou-se por completo e acompanhou a patroa e o médico à sala de estar, onde Mery contou resumidamente o que acontecera.

— Parabéns, irmã Ralda, pela demonstração de grande presença de espírito! Continue firme e enérgica, pois esse vil e covarde ataque não será o último. Nada me indigna tanto como essa mania de tentarem eles converter as pessoas em sua fé, à força, e impingir suas convicções, sem levar em conta a vontade dos outros.

Depois que Zepar foi embora, Mery deitou-se, mas não conseguia conciliar o sono. Todo seu corpo doía, a cabeça parecia cheia de chumbo e as recordações do episódio noturno perseguiam-na feito num pesadelo; finalmente, tarde da noite, ela se esqueceu num sono perturbado.

Uma sensação de brisa quente acordou-a. Ela se soergueu e, surpresa, viu uma nuvem esbranquiçada e coruscante pairando a alguns passos de seu leito; essa se foi ampliando rapidamente e adquirindo o aspecto de um homem. O espectro se curvou diante da cama de Mery. Ela estremeceu ao nele reconhecer Vadim Víktorovitch, fitando-a com amor e tristeza.

— Eu continuo a amá-la. Volte para mim e não deixe que o inferno nos separe – ouviu-se a voz fraca, tão familiar a ela.

Pasma, Mery deixou-se cair no travesseiro e, fremente, sentiu o contato de lábios tépidos em sua boca e depois na mão. O espectro então esmaeceu e derreteu no ar.

Ela não pôde mais dormir. Todo o seu ser se agitava e na memória assomavam-se as recordações da felicidade fugidia. Significava que ele a amava até do além do túmulo, já que apareceu para confirmar que seu amor não se extinguira, suplicando-lhe voltar para ele. O que ele queria dizer com aquelas palavras? Deveria ela morrer para se juntar a ele, ou rejeitar o inferno que os separava, pois Vadim Víktorovitch era crente em Deus. Instantaneamente, ressuscitou-lhe o sentimento antigo, despertado pelo olhar amoroso; parecia-lhe ainda sentir nos lábios o beijo da pessoa querida e, de súbito, ocorreu-lhe um desejo incontrolável de ver seu túmulo. Ela não ousaria orar, mas sonhar e chorar lá, onde descansavam seus restos – isso não lhe seria proibido.

De Lili, ela sabia que o túmulo de Zatórsky estava no cemitério Aleksandr Nevsky; assim, no dia seguinte, dirigiu-se para lá. Após algumas buscas e pedidos de esclarecimento, um dos vigias levou-a ao monumento. O portão gradeado estava aberto; um jardineiro acabava de decorar o túmulo com flores. Mery aguardou o fim do trabalho e, enfiando na mão do vigia uma nota de um rublo, disse que queria orar junto à sepultura do falecido. O guarda, reconhecido, só lhe pediu para fechar o portão à chave, quando fosse embora e devolvê-la a ele.

Ao ficar só, ela depositou junto aos pés do monumento uma grinalda de rosas com orquídeas e, sentando no banco, mergulhou em pensamentos.

O barão Kosen havia estranhado a saída repentina de Mery na véspera; mas o desmaio de Lili obrigou-o a esquecer esta circunstância e ele ajudou a transportar a filha ao seu dormitório. Só depois que Lili recuperou a consciência e foi deixada no quarto sozinha para descansar, o barão inquiriu sobre o acontecimento. Eletsky explicou que a visão de Vedjaga Singa assustou e enraiveceu o tigre, a julgar pelo piso destruído. Felizmente, ele não atacou os presentes, fugindo pela janela aberta. Mery, temendo que acontecesse alguma desgraça na rua, saiu atrás do tigre para acalmá-lo. Obviamente, nada foi dito sobre o fato de Mery pertencer à irmandade satânica.

A sós com o doutor, Eletsky relatou-lhe da mal sucedida tentativa de resgatar Mery.

— Será difícil, senão impossível, arrancá-la daquele sorvedouro. Sendo uma pessoa teimosa e enérgica, talvez ela já se tenha apegado aos encantos do mal – considerou Vadim Víktorovitch, desanimado. – Eles preferirão matá-la a deixar escapar de suas garras.

— Você não se envergonha, Vadim, de depositar as armas sem a luta? Tenho opinião melhor sobre Maria Mikháilovna e acredito que a energia, da qual você fala, ela usará para se livrar das peias que a prendem – sustentou o príncipe. – Oh, se pudéssemos fazê-la entender que você está vivo – isso facilitaria o trabalho. Mas como ressuscitá-lo somente para ela? Eis a questão!

— A questão mais importante é saber se ela ainda me ama – tornou o doutor, balançando a cabeça. – Cinco anos é tempo suficiente para esquecer um morto.

Zatórsky despediu-se do príncipe; este, vendo a depressão do amigo, não tentou segurá-lo. As palavras injuriosas de Mery o haviam atingido dolorosamente. Eles tiveram a oportunidade de conversar por duas vezes, no entanto a voz do coração nada lhe sussurrou e ela sequer notou a semelhança entre ele e Ravana Veda. Entretanto, essa semelhança tinha surpreendido Lili.

Ele se ajoelhou e orou por longo tempo, suplicando a Deus instruí-lo, para salvar a jovem criatura, outrora pura, inocente e cheia de alegria. Estava apreensivo: será que estava tudo bem com ela?

Em seu curso iniciático no Tirol, ele teve aulas teóricas e práticas de viagens astrais e desenvolveu certa capacidade de abandonar o corpo físico para transportar-se ao lugar desejado. Pensou então em repetir a experiência, no que teve sucesso e o que nós verificamos na visão noturna de Mery. De volta de sua incrível "viagem", ele ficou mais calmo e alentado: nos olhos de Mery havia lido que ele continuava vivo no coração dela.

O dia seguinte era o jubileu da morte de sua tia. Após orar junto à sua sepultura, como que movido por uma força invisível, o doutor dirigiu-se ao monumento, em cuja lápide estaria escrito: "Vadim Víktorovitch Zatórsky". Ao se aproximar do local, ele estremeceu e estacou: no banco, ao lado da sepultura, estava sentada uma dama soluçando, com rosto escondido nas mãos. Aproximando-se mais, ele viu que era Mery.

Já perto da grade, sua presença foi notada pela jovem, que se apressou em se levantar do banco.

— Senhor Ravana? Por que está me seguindo? Eu fui bem clara ontem ao dizer o que acho do senhor – disse com desprezo.

— A senhora foi injusta comigo. Não a segui; apenas um acaso divino me trouxe para cá. Bem, pelos meus poderes de clarividência, vejo que a pessoa, cujo nome está inscrito na lápide, foi muito cara para a senhora. E, se ele estivesse aqui, teria a senhora se tornado irmã Ralda?

Mery o mediu com olhar lúgubre e perscrutador.

— Os mortos não retornam e o passado não pode ser reparado; a minha felicidade morreu junto, no sorvedouro. Mas já que o senhor sabe tudo, diga-me, que morte aguarda a feiticeira que recebeu o legado de Van der Holm?

Zatórsky dela se aproximou e lhe tomou a mão.

— Mery, se você ainda ama o homem a quem confiou seu primeiro amor, a "feiticeira" desaparecerá no sorvedouro e ressurgirá Mery Suróvtseva. Por acaso seu coração não lhe sugere nada e você perdeu a capacidade de lutar pela felicidade?

Ele se inclinou e o seu olhar, cheio de amor, pregou-se nos olhos assustados da jovem; esta recuou e agarrou a cabeça com as mãos.

— Quem é o senhor? O senhor me olha como Vadim, que está morto. Não estou entendendo mais nada. O senhor veio do além, ou não passa de um espião inimigo, aproveitando-se da semelhança com Zatórsky para converter-me à sua fé? Como ousa sugerir ser aquele cujo túmulo guarda seus ossos?

As dúvidas, a indignação e a ira soavam na voz da jovem, enquanto seus olhos perscrutavam apreensivos a figura de Zatórsky. Este suspirou pesado e disse:

— O túmulo está vazio, Mery. Graças a um acaso miraculoso, estou vivo, ainda que esteja morto para o mundo. Infelizmente seu coração ficou mudo; encontramo-nos por duas vezes e você não me reconheceu.

Uma tristeza infinita soava em sua voz e era sentida em seu olhar. Pálida, Mery tremia febricitante e, arregalando os olhos, dele se aproximou, fitando-o no rosto.

— É você!... Os mortos ressuscitam e você está entre os eleitos; sobre sua cabeça fulge uma chama. Sou uma desafortunada... amaldiçoada!... – balbuciou ela em voz entrecortada, pondo-se de joelhos e cobrindo o rosto com as mãos.

Sacudida por pranto convulsivo, ela foi levantada e acomodada no banco pelo doutor que, apertando-lhe fortemente a mão, sussurrou:

— Você ainda me ama?

— Sim, amo. Mas estou presa ao inferno e um abismo nos separa para sempre.

Nos olhos do doutor fulgiu uma expressão de felicidade.

— Se você me ama, nada está perdido. Ainda que eu não passe de uma aspirante à luz e não seja um eleito, como me considera; mas, com a ajuda dos mestres, por várias vezes eu consegui protegê-la dos perigos mortais e tenho a certeza de poder salvá-la. Quero lhe contar resumidamente a história da minha maravilhosa "ressurreição", mas você terá de prometer guardar o segredo, pois para o mundo eu estou morto.

E ele contou-lhe sucintamente o que aconteceu desde que foi ceifado pelo projétil do barão, assim concluindo:

— Tenha esperanças, Mery, e seja forte! Tal qual Orfeu, eu descerei ao inferno e a arrancarei dos demônios. O terrível passado há de ser reparado e o futuro radioso a recompensará pelos sofrimentos vividos.

Sorrindo de felicidade, ouvia-o Mery, sem acreditar em seus olhos; por vezes parecia-lhe estar sonhando. Ao conscientizar-se de que estava vivo o homem amado, chorado por longos anos, seu coração encheu-se de indescritível bem-aventurança. Esquecendo-se de tudo, ela se entregou ao fascínio venturoso de ouvir-lhe a voz meiga, julgada para sempre emudecida, alheia ao contato glacial dos espíritos demoníacos, sem dar atenção ao bando ameaçador que se juntou ao derredor dela. Nela despertaram-se as esperanças e a vontade de lutar pela felicidade. Após conversarem por uma hora, eles se despediram; com espírito animado e sorriso venturoso nos lábios, Mery dirigiu-se à carruagem que a esperava junto aos portões do cemitério.

Zatórsky voltou para casa preocupado. A explicação com Mery enchia-o de felicidade, mas também de apreensão. Ele sabia o quanto seria dura e perigosa a luta contra o inferno, que ele empreenderia para libertar a mulher amada, e tinha consciência de que a vida dela corria perigo.

Sentou-se à mesa e tirou da pasta o retrato de Mery, que lhe fora dado por ela, no dia da declaração de seu amor. O príncipe o havia achado e preservado para aquele a quem salvara sem consultar. O doutor pôs-se a meditar diante da imagem de Mery, outrora inocente e alegre, agora "irmã Ralda" – desditosa servidora do mal... Conseguiria ele salvá-la? Teria ela forças para rasgar com o passado e purificar-se da imundície que lhe conspurcara a alma?

Remoendo os tempos idos, assomou-se em sua mente a imagem da baronesa, desencadeando a vergonha e o desespero por ter sido ele o culpado pelo infortúnio de Mery. Não tivesse ele cedido à escravidão daquela devassa que o envolveu na paixão criminosa e imunda, ele não teria sido atingido pela bala punitiva do barão, nem a indigência de Mery a teria empurrado na rede de Van der Holm.

Absorto em seus pensamentos e recordações, ele não percebeu a porta se abrindo, tampouco ouviu os passos leves se aproximando, até que uma voz trêmula lhe sussurrou no ouvido:

— Vadim Víktorovitch!

O doutor estremeceu e soltou involuntariamente um grito abafado, pois havia muito tempo que ninguém assim chamava o hindu Ravana.

Virando-se rapidamente, ele viu Lili, pálida e perturbada. Seus olhos brilhavam de alegria e pelas faces rolavam lágrimas; ela lhe estendeu as mãos e sussurrou:

— Tio Vadim, é o senhor? O coração não me enganou. Mas não tema, ficarei muda tal qual seu túmulo.

— Lili, minha pequena, você me reconheceu, apesar de eu ter mudado tanto. Como poderei agradecer-lhe pela afeição e memória que você guardou por um homem estranho, esquecido de todos? – balbuciou Zatórsky, atraindo-a para lhe dar um beijo.

— Seus olhos o traíram, tio Vadim. Eu logo reconheci o seu jeito de olhar, bondoso e meigo, que não esqueço desde criança, quando você cuidava de mim, doente. Custa-me acreditar que esteja vivo depois de vê-lo no caixão. Agradeço a Deus e à Virgem Santa por sua salvação, o que acaba absolvendo meu pobre pai do crime medonho de assassinato. Minhas últimas dúvidas se dissiparam, quando eu o encontrei segurando o retrato de Mery.

O rosto do doutor anuviou-se.

— Ela está em perigo e eu não sei se poderei salvá-la.

— Sim, eu a achei muito mudada e estranha. Com tantos reveses na vida, ela se tornou ateísta. Mas seu amor a salvará, tio Vadim, pois não existe nada impossível para o amor verdadeiro.

— E você sabe o que é amor, já que fala dele com tanta certeza?

— Sim, tio Vadim, sei o que é amor. Eu amo o Sol que aquece tudo que busca seus raios, mas não sei se mereço o amor dele. Você deve estar adivinhando de quem estou falando.

— Sim, você ama Eletsky. Mas por que ele não haveria de amá-la também?

Lili balançou a cabeça.

— Como poderia eu pretender a atenção do homem que recebeu iniciação superior, ainda que infinitamente bom e tolerante com alguém tão insignificante como eu. Se ele continuar como meu orientador e mestre, isso me bastará. Nunca vou me casar; dedicarei minha vida ao estudo das forças arcanas, sobretudo ao magnetismo curativo. Com tempo, abrirei minha própria clínica.

— Isto não quer dizer que, se o príncipe lhe fizer a proposta, você a rejeitará? – perguntou o doutor maliciosamente.

Um rubor intenso coloriu o rosto diáfano de Lili.

— Claro que não, tio Vadim! Como poderei dizer "não" a algo que ele me pedir? Só de pensar nessa possibilidade, gira-me a cabeça.

Zatórsky largou uma risada.

— Escute, Lili! Temos de ter cuidado. De repente vem seu pai e nos flagra conversando assim. Ele não pode saber de nada; para ele, eu sou Ravana Veda.

— Não se preocupe, meu pai não vem. Ele está almoçando na casa de um arqueólogo amigo e ficará lá até a noite; o príncipe também está fora, mas pode voltar a qualquer momento, sendo assim é melhor eu me retirar. Voltaremos a conversar depois. Preciso lhe perguntar tanta coisa, agora que você é um homem novo com poderes de praticar curas maravilhosas, sempre bom comigo, e não mais mal humorado ou nervoso como antigamente.

— Foi para adquirir harmonia espiritual que trabalhei tanto esses anos.

— Ah, se eu não sair agora, não pararei mais de falar – disse Lili e, enviando um beijo pelo ar, abandonou o quarto.

O doutor tornou a se sentar no mesmo lugar e abriu a pasta para guardar o retrato de Mery; neste ínterim, o reposteiro foi levantado e surgiu o príncipe, visivelmente perturbado.

— Como? Você estava aqui, Aleksei, e ouviu a nossa conversa? Lili me reconheceu.

— Sim, ela suspeitou disso desde o começo. Mas não tenha medo, Lili é discreta e guardará o segredo.

— Oh, quanto a isso não tenho dúvidas! Agora, se você ouviu a conversa, sabe que ela o ama; possuir aquele coração puro é uma grande felicidade.

— Tem razão. Também a amo muito e serei infinitamente feliz em ter por companheira de vida uma criatura tão pura, com a qual poderei compartilhar meus conhecimentos. Os mestres aprovam meu casamento e, na primeira oportunidade, farei a proposta. Antes, porém, vou ajudá-lo a salvar a pobre Mery, o que exigirá todo o nosso empenho. Oh, soubesse ela que você está vivo, tudo seria mais fácil – suspirou o príncipe.

— Ela sabe! – exclamou o doutor, e transmitiu ao amigo sua conversa no cemitério Aleksandr Nevsky.

— Excelente! – alegrou-se o príncipe. – Precisamos agora lhe dar todo o apoio. Hoje à noite eu irei à casa de Van der Holm, sou mais forte que você, e verei o que podemos fazer contra os satanistas.

Mery voltou para casa tensa e perturbada, e trancou-se no quarto. No decorrer do dia, sua alegria alternava-se com momentos de grande apreensão. Saber que o homem amado estava vivo deixou-a jubilante; porém, pensar no abismo insondável que os separava a fazia desesperar.

Inutilmente ela procurava uma saída. Subitamente veio-lhe à mente a idéia de fugir para perto de Zatórsky e pedir-lhe proteção. Mas, mal ela esboçou a intenção de chegar até a porta, Pratissuria rugiu e se lhe interpôs no caminho. Desesperadamente, ela tentou abrir a janela, mas o tigre pôs-se de patas traseiras e, pela primeira vez, suas garras deixaram-lhe sinais nos ombros.

Sem outra solução, não querendo ser dilacerada pelo terrível guardião, Mery deixou-se cair na poltrona e desabou em pranto; logo, porém, sua natureza obstinada venceu a fraqueza. Indignada pela violência sofrida, resolveu rezar, para que os Céus a protegessem contra o inferno; mas, mal tentou pronunciar mentalmente o nome do Senhor, dores medonhas a privaram da capacidade de raciocínio e, contorcendo-se feito queimada por carvões incandescidos, ela desmaiou.

Ao se recuperar, conscientizou-se de sua derrota. Não, o senhor das trevas, a quem ela entregara a alma, não deixa escapar seus súditos! Apática, por algum tempo ela ficou deitada no sofá e, depois, fazendo um esforço, comeu um pedaço de ave e deitou-se exausta na cama. Porém o sono não vinha e logo a apatia cedeu lugar ao completo desespero.

Bateu meia-noite. De súbito, ela estremeceu e soergueu-se na cama. Seu rosto foi bafejado por uma brisa tépida e aromática; sons suaves e harmônicos percorreram o quarto, como que iluminado por luar azulado e, nesse fundo límpido, assomou-se uma nuvem avermelhada. Rodopiando, ela se aproximou do leito, densificou-se e adquiriu a forma de um homem alto em vestes brancas; sua cabeça era envolta em fulgor fosforescente, ofuscando suas feições. Inclinando-se a Mery, que fitava em terror mudo o visitante misterioso, ele disse em voz surda mas clara:

— Está chegando a hora de enfrentar o inferno para salvar sua alma. Seu amado está vivo e também o ama; você terá de lutar pela felicidade de ambos e só poderá unir-se a ele, se romper para sempre com as criaturas nojentas que a escravizaram. Se você suportar valorosamente os ataques das forças do mal, resistir contra o ódio dos servidores de Satanás, será apoiada e salva. Está vendo em minha mão esta cruz cintilante? Este símbolo sagrado a protegerá, pois ele é estandarte do perdão do Pai celeste, cuja misericórdia é infinita com os que se arrependem. Lembre-se disso e seja firme, pois a luta iminente será renhida.

A visão ergueu a mão e desenhou sobre Mery o sinal místico da salvação; como que atingida por raio, ela caiu sobre as almofadas. Por cerca de um minuto, a cruz límpida pairou sobre ela, depois se desfez em raios azulados que a cobriram feito véu transparente.

À tarde, o irmão Zepar apareceu na casa de Van der Holm, visivelmente preocupado. Saindo ao seu encontro, Billis, que o chamara pelo telefone, contou que à noite aconteceram coisas terríveis. Ele e a camareira foram acordados por badalares de sinos de igreja; um odor insuportável de ládano encheu em seguida a casa, varrida por descargas elétricas tão fortes que os fizeram perder os sentidos; já era manhã, quando, finalmente, eles voltaram a si. A camareira foi ao quarto de Mery e quase não suportou o cheiro do quarto; a patroa jazia feito morta e até Pratissuria parecia doente.

Zepar balançou a cabeça e dirigiu-se ao dormitório de Mery. O odor forte de ládano obrigou o satanista a recuar enojado. Ele ordenou que as janelas fossem abertas e que lhe trouxessem o braseiro com carvão aceso. Cumpridas as ordens, tirou do bolso um estojo redondo com pó amarelo e despejou-o no carvão; imediatamente, alçou-se uma fumaça densa com odor sufocante de enxofre. Mery, de camisola, foi transportada para o centro do quarto e colocada sobre um banco trazido do paiol. O satanista pôs-se a andar ao redor, recitando fórmulas e realizando defumações. Do corpo de Mery, ainda desfalecida, começou a alçar-se um vapor azul claro que se derretia aos estalidos na fumaça sulfúrica; quando a última coluna de fumaça escapou pela janela aberta, Zepar ordenou que dessem um banho de imersão em Mery.

— Avisem-me quando estiver tudo pronto para o banho! – acrescentou ele, aproximando-se do tigre, estendido catalepticamente em seu tapete.

Assim como na primeira vez, Zepar verteu na boca do animal uma colher de essência vermelha e esfregou-o com água aromática. O animal voltou a si, comeu um pedaço de carne trazido e, rugindo alegremente, ficou ao lado de Mery, ainda imóvel. Pondo-lhe a pata no peito e continuando a urrar surdamente, ele balançou a cabeça como que querendo dizer que estava pronto a reassumir suas obrigações de protetor. Zepar o afagou na cabeça.

Neste ínterim, a camareira entrou para dizer que o banho estava pronto. O satanista levantou Mery feito uma criança e levou-a ao quarto de banho; depois, deitou-a no sofá e verteu algo do frasco, com que a água da banheira se tingiu de vermelho e começou a ferver.

— Coloquem a patroa dentro, sustentem-lhe a cabeça e mantenham-na assim até que a água pare de ferver e lhe voltem os sentidos. Depois, ajudem-na a sair da banheira e deitem-na na cama, vestindo-a numa camisola de flanela. Dêem-lhe uma taça de sangue quente; mais tarde eu lhe trarei um copo de vinho.

Cerca de quinze minutos depois, a água parou de borbulhar. Mery abriu os olhos e perguntou em voz débil:

— Onde estou?

— Acalme-se, patroa, tudo está bem. A senhora passou mal; vá deitar-se que vou lhe trazer algo para beber.

Estendida na cama, trouxeram-lhe uma taça de sangue quente, que ela tomou enojada; Zepar fê-la tomar também um copo de vinho, misturado com algo picante e cheiroso; em seguida ela dormiu um sono pesado e profundo.

Sobreveio a noite; Zepar resolveu ficar de vigília para o caso de os "canalhas" tornarem a atacar. Tão logo ele se acomodou no antigo gabinete de Van der Holm, veio Ukobakh para saber o que acontecera, pois Billis havia lhe telefonado, sem encontrá-lo em casa. Ao saber dos acontecimentos, ele prontificou-se a fazer companhia a Zepar e mandou que lhes trouxessem um bom jantar.

Sentados à mesa, saboreando patê de aves, ostras, champanhe e outros quitutes, os amigos conversavam animadamente sem a presença de Billis, por eles dispensado.

— De fato, corremos o risco de perder a irmã Ralda, pois os cavaleiros da Luz Ascendente resolveram resgatá-la de nós. Mas isso ainda veremos, ela não nos escapará com vida – e Ukobakh crispou os punhos.

Zepar concordou com o amigo e a conversa foi tomando um rumo beligerante, até que ele sugeriu tomarem algumas precauções para o caso de o ataque se repetir. Decidiram montar vigilância alternada. Ukobakh foi ver Mery e, ao certificar-se de que ela estava dormindo e o tigre encontrava-se em seu posto, deitou-se no sofá e adormeceu.

Zepar desenhou no quarto um círculo com giz vermelho, sentou-se na poltrona, tirou do bolso um livrinho parecido com breviário, e pôs-se a recitar esconjurações. Aos poucos, seu rosto magro foi adquirindo uma expressão estranha e tingiu-se de olor esverdeado; seus olhos ardiam feito brasas. À medida que ele balbuciava em voz surda e cadenciada as fórmulas estranhas, o quarto se enchia de público medonho. Os seres monstruosos, meio humanos, meio animais, juntamente com sombras nanicas negras de caras transfiguradas de paixões vulgares, rastejavam pelo piso ou escarafunchavam os cantos. Cocotó também estava presente, acocorado angustiado no vão da porta; atrás dele, agitavam-se, silvando e chiando, seus comandados.

Zepar parecia apreensivo; seus pés e mãos tremiam nervosamente. Apesar do pelotão de honra que se apinhava em sua volta, ele estava assustado e, por vezes, lançava olhares amendrontados em direção à porta do quarto de Mery.

Perto da meia-noite, Pratissuria revelou sinais de alarme, retesou-se, rugiu e começou a andar de fasto em direção à porta; Zepar, empalidecido, aguçou o ouvido para um canto longínquo e harmonioso; o suave aroma de ládano provocava nele ânsia de vômito.

Ao avistar o tigre apontando no umbral com cabeça baixa e rabo entre as pernas, o satanista enfurecido levantou-se e, com gesto imperioso, ordenou-lhe voltar junto a Mery; mas o animal não se moveu e, em resposta à ordem reiterada, rugiu ameaçadoramente. Zepar então ergueu as mãos; de seus dedos, orientados para Pratissuria, dardejaram feixes púrpuros, tal qual flechas, fazendo o animal contorcer-se de dores. Enfurecida, a fera agachou-se para dar um bote em seu agressor, não tivesse neste instante Ukobakh, acordado pelo barulho, pronunciado uma fórmula para acalmar o animal.

— Ahá, então os malditos cavaleiros estão atacando! – bradou ele, soltando um sonoro palavrão.

Mas nisso, um clarão intenso coruscou o quarto e, adquirindo a forma de crucifixo, flutuou sobre a cabeça do satanista aparvalhado.

Instalou-se uma algazarra: os espíritos instados por Zepar, estirado no chão, turbilhonavam ensandecidos dentro do círculo satânico incapazes de rompê-lo.

Ukobakh, mal se agüentando em pés trêmulos, não perdeu, porém, a presença de espírito. Sacando o bastão de sete nós e agitando-o vigorosamente, pôs-se a vociferar esconjurações e conseguiu enfim quebrar o círculo mágico, libertando os seres asquerosos, que sumiram num piscar de olhos, como que varridos por vento. A cruz radiosa empalideceu e derreteu-se no ar; Ukobakh deixou-se cair na cadeira, perdendo momentaneamente a consciência.

Passada a fraqueza, ele se levantou num esforço, arrastou-se até a janela e abriu-a. Revigorado pelo ar fresco e úmido, foi cuidar de Zepar, que jazia de bruços.

Quando este se recuperou um pouco, notou enfurecido que seu rosto, as costas e os braços estavam cobertos por dezenas de mordidas. Dirigindo pragas e impropérios aos "canalhas agressores", sua atenção foi chamada para Pratissuria deitado junto à porta, com o focinho enfiado nas patas. Num átimo, pegando o chicote pendurado na parede, ele partiu sobre o tigre, aplicando-lhe golpes nas ancas e chutando-o com os pés. O animal, no início acuado, soltou um urro selvagem de dor, fazendo estremecer as paredes, e saltou sobre o seu agressor, cujos minutos seriam contados, se Ukobakh não tivesse agarrado a fera pela coleira e arrastado para fora do quarto, entregando-a aos cuidados de Billis.

Indignado com o tratamento dispensado ao favorito de Mery, o mordomo conseguiu por fim acalmá-lo com afagos; deu-lhe comida e o cobriu com manta. Estendido em seu tapete, Pratissuria lambeu reconhecido a mão de seu protetor.

— Que deu em você para bater no tigre? O que ele podia fazer, se nem você conseguiu se defender? – reprochou Ukobakh ao voltar para o gabinete.

— Vou embora. Não ficarei mais um minuto nesta casa maldita. Jamais vi coisa igual. O idiota do Van der Holm não podia ter achado uma herdeira melhor?

Ukobakh deu de ombros.

— Queria que você fosse tão idiota como ele! Bem, pode ir; ficarei aqui para tomar conta de Mery. Não se pode largá-la, já que ela não tem culpa de nada. É bom vigiá-la, pois é possível que tentem tirá-la da casa; se ela cair nas mãos deles, Asrafil colocará a culpa em nós. Isso não será agradável.

— Aconselhe-se com Van der Holm; foi ele que trouxe essa preciosidade. Não há ninguém melhor do que ele para nos dizer o que fazer nestas circunstâncias. Ele que se julga tão previdente! – observou Zepar com escárnio.

— Ironia à parte, vou seguir-lhe o conselho – tornou Ukobakh e puxou o reposteiro num nicho de parede, no fundo do qual se verificou haver um espelho negro.

Recitadas as fórmulas de esconjuração e instado por três vezes o nome de Bifru, ouviram-se batidas secas na parede e, no fundo brumoso do espelho, apareceu uma mensagem escrita por mão invisível em letras fosfóricas:

"Aconselho-os a desistirem dessa mulher, pois ela conta com forças poderosas de luz. Um confronto será desastroso e nos causará muitas baixas; assim, proponho nos livrarmos de Ralda...

Subitamente a escrita interrompeu-se, a superfície do espelho como que se inflamou e uma nova mensagem em letras verde-esmeralda surgiu então. As letras eram espaçadas e irregulares: "Ceder? Jamais! Vamos lutar até as últimas conseqüências! Depois de amanhã estarei aí para assumir o caso pessoalmente. Você, Ukobakh, proteja e vigie Ralda; tranque-a no quarto e não deixe ninguém mais se aproximar dela. Zepar tem que cair fora. Só faltava esse velho idiota covarde encerrar nossos servidores dentro do círculo mágico! E onde já se viu descontar a raiva num animal inocente? Já que ele não consegue proteger nem a si nem a outros, destituo-o de suas funções".

A escrita parou e a mensagem desapareceu. Zepar estava possesso. Batendo os pés e arrancando chumaços de cabelos grisalhos, prorrompeu em pragas e impropérios; quando finalmente a explosão de fúria amainou, ele disse com voz trêmula:

— Adeus, Ukobakh, e espero que Uriel consiga juntar larvas suficientes para a luta inglória; mas, se ele pagar com sua velha pele, não sentirei pena. O futuro mostrará se Bifru tem razão, dizendo para desistirmos dessa estouvada. Ela não nos serve para nada e só nos traz problemas; herdeiros melhores seriam encontrados para o legado de Van der Holm do que essa mulher, cheirando a ládano.

Zepar saiu resmungando. Ukobakh defumou os quartos, deu uma bebida tonificante a Billis e à camareira, e foi ver como estava Mery. Esta continuava a dormir sono profundo, alheia ao que acontecia em volta.

— Amanhã, assim que a patroa acordar, diga-lhe para passar no laboratório – ordenou ele para a camareira.

Mery acordou tarde. Sentia-se quebrada, todo o corpo doía e a cabeça estava pesada; não obstante, a visão que antecedeu ao seu desfalecimento estava viva na memória, assim como o encontro com Vadim Víktorovitch no cemitério. Oh, como ela necessitava de sua companhia! Seus devaneios foram interrompidos pela camareira, que viera lhe dizer que Ukobakh a estava esperando no laboratório. Como poderia ter esquecido que a antiga Mery já não existia, senão apenas a irmã Ralda – filha amaldiçoada do inferno? Cabisbaixa e com o coração opresso, ela foi ao laboratório, onde Ukobakh lia perto da janela. Com olhar demorado e perscrutador, ele fitou a bela jovem, lívida feito máscara de cera.

— Como vai, irmã Ralda? Queira se sentar – disse ele cortesmente, empurrando a poltrona. – Vamos conversar. Primeiro, não sei se a senhora sabe, mas esta noite ocorreu um incidente que o irmão Zepar não conseguiu superar sem a minha ajuda.

E ele lhe relatou o acontecido, acrescentando:

— Nas fileiras adversárias, há gente querendo-a de volta, intrometendo-se em nossos assuntos – o que não toleramos. O confronto é inevitável e a senhora corre perigo de vida. Jamais deixamos os nossos membros iniciados saírem da irmandade, principalmente como a senhora, irmã Ralda, detentora de forças poderosas e conhecimentos perigosos. Devo acrescentar que a senhora revela uma indiferença criminosa em relação aos ataques realizados e esta inatividade dificulta que a protejamos. Cuidado, irmã, tudo isso pode terminar mal! Sacuda a inércia e enfrente as tentativas de resgate por parte de seus amigos. Entenda: a senhora só sairá da irmandade morta e, se os mestres a virem sucumbindo às tentações, eles usarão de meios mais severos, mandando-a inclusive para alguma comunidade longínqua, a fim de a fortalecerem no culto ao qual jurou a fidelidade.

Ukobakh calou-se e fitou Mery, postada imóvel, pálida e cabisbaixa.

— Amanhã virá Uriel para conversar com a senhora; por enquanto, devo colocá-la a par de suas determinações. Até uma segunda ordem, a senhora ficará em seus aposentos, sem poder sair ou receber visitas. Fica-lhe proibido entregar-se aos pensamentos do passado. Eis o que eu queria lhe dizer. E meu conselho de amigo: seja firme, razoável e não ponha a perder o seu futuro, que lhe reserva muitas riquezas e prazeres, em vez de pensar nas utopias para sempre riscadas de sua vida. Agora elevemos as orações luciferanas; depois eu a deixarei livre.

Maquinalmente Mery, exausta, balbuciou a oração sacrílega e prostrou-se de joelhos diante da estátua de Lúcifer; em seguida, saiu do laboratório sem dizer nada, acompanhada pelo olhar lúgubre de Ukobakh.

— Hmm... Esse seu desânimo é mau sinal; temo ter de acabar com ela – pensou ele, franzindo o cenho.

Ao voltar para seu quarto, Mery atirou-se na poltrona e agarrou a cabeça com as mãos. Uma exasperação intensa invadiu-lhe a alma; todo o seu ser tremia da angustiosa consciência de estar condenada à morte. Lágrimas amargas rutilaram repentinamente por entre seus dedos, caindo sobre Pratissuria, invariavelmente deitado a seus pés, protegendo a ama. O tigre levantou os olhos, fitou-a e, resmungando suavemente, descansou a enorme pata no joelho dela. Mery se endireitou, percebendo a expressão incrível do olhar da fera. Afeiçoada ao guardião mudo, de quem havia perdido o medo, chamou-lhe a atenção o seu jeito de fitá-la com olhar esmeraldino, quase humano, com expressão de angústia e sofrimento.

Mery arrepiou-se. Estaria ele lamentando-se do cativeiro, sonhando com florestas virgens nativas, onde ele, o terrível rei, vivia solto até ser subjugado pela bailadeira que dele fez um brinquedo e arma de vingança? Oh! sem dúvida, a terrível fera era menos selvagem e cruel do que a horda dos seguidores de Satanás, em cujas garras ambos se achavam.

Ela abraçou-se abruptamente ao pescoço do tigre e desabou em pranto convulsivo. Tendo chorado à vontade, levantou o rosto e viu que os olhos de seu mascote estavam cheios de lágrimas.

— Oh, Pratissuria, você também chora pela liberdade? Meu pobre companheiro de infortúnio! – balbuciou Mery, comovida, tornando a soluçar.

O tigre deitou a cabeça nos joelhos dela e ambos imobilizaram-se nessa pose.

Aquela noite e o dia seguinte não trouxeram nada de especial; Mery ficou vagando pelos três quartos, tornados calabouço, sem encontrar paz. Não viu ninguém além da camareira, que vinha trazer-lhe o desjejum e o almoço, sempre calada; porém Mery não tocou na comida.

À medida que as horas passavam, sua depressão foi aumentando. Tentou chamar Van der Holm, mas este não se dignou a vir. Indiferente, ela avistou Cocotó com seu bando, observando-a apreensivo da lareira. As horas escoavam angustiosas e, com a aproximação da meia-noite, sua ansiedade raiva pelos limites da loucura e o coração parecia arrebentar. Mentalmente então ela chamou por Zatórsky. De súbito uma voz sonora e desconhecida fez-se soar perto de seu ouvido:

— Você não está sozinha. As forças do bem a protegem. Seja firme e, mesmo ameaçada de morte, não perca as esperanças. Olhe: vou deixar desenhado no ar o símbolo da salvação, cuja luz radiosa não se apagará nem com a presença das forças maléficas. A cruz é o selo do Onipotente, clamando por Ele você a verá instar pelo nome de Deus. Os demônios são impotentes para enfrentar esse símbolo divino.

A voz calou-se e Mery, trêmula, não conseguia despregar os olhos da cruz límpida pairando, jorrando feixes tênues. Sentado sobre as patas traseiras, o tigre, com pêlos eriçados mas sem demonstrar nervosismo, também parecia deslumbrado com o espetáculo.

Neste ínterim a porta se abriu, assomando-se em seu vão a figura de Uriel. Seu rosto transfigurou-se repentinamente, ele retrocedeu e soltou uma chuva de imprecações. Erguendo os braços, recitou uma fórmula de esconjuro; a cruz cobriu-se de névoa violeta, porém permaneceu visível.

— Ralda, venha imediatamente comigo – ordenou ele em tom ameaçador.

O olhar do satanista parecia perpassá-la com flechas incandescidas. Maquinalmente, com cabeça zonza, ela saiu do quarto acompanhada por Pratissuria, de cabeça pensa e rabo encolhido. Uriel levou-a ao laboratório, onde continuou com as esconjurações e defumou o ambiente, que logo se encheu de fumaça densa e nauseabunda. Voltando-se a Mery, que assistia a tudo calada, ele a agarrou pelo braço e berrou furioso:

— O que estavam fazendo aqui esses patifes, achando que poderiam arrancá-la de nós? Como se atreveram a profanar o nosso santuário com o símbolo asqueroso? E é tudo culpa sua, criatura imprestável; ao invés de reagir, fraqueja e morre de medo. Olhe só o seu estado! Recite imediatamente as fórmulas mágicas ao nosso senhor! Fique de joelhos diante de Satanás! – ordenou ele, sacudindo-a e arrastando-a junto à estátua do príncipe das trevas.

Mas Mery não acatou a ordem, pregando seu olhar na cruz fulgente, meio anuviada pela fumaça escura.

— Deixem-me! – balbuciou ela em voz surda. – Eu assinarei um documento transferindo à irmandade todos os bens legados de Van der Holm. Não quero nada de vocês; entrei na irmandade pobre e sairei pobre também. Quanto aos seus mistérios, podem ficar tranqüilos, ficarei muda feito túmulo; só me deixem ir. Estou sufocando-me aqui, falta-me ar! – e ela estendeu-lhe as mãos crispadas.

Uriel soltou uma gargalhada de escárnio tão sonora, que Mery estremeceu. Seu talhe alto e magro, rosto angular pálido, olhos fulgindo de ódio e sorriso franzindo os lábios finos intimidavam; ele era um filho legítimo das trevas.

— Deixá-la ir? Só isso? Há-há-há! Você acha que nós deixamos sair os nossos seguidores assim tão fácil? Engano seu, querida irmã. Sua relação com a irmandade é sólida e jamais será rompida. Porém, não é de seu corpo que precisamos. Não, queremos sua alma, que será nossa para sempre. Tome cuidado! Se ousar nos resistir e deixar que a subvertam, acabará como desjejum de Pratissuria. Ele fará de você um picadinho e a sua alma será arrancada de seus restos ensangüentados. Entendeu-me bem, infeliz? Nós a deixaremos à mercê dos elementos desenfreados, dos quais você será um brinquedo. Tenha juízo, sua tola! Fique de joelhos diante de seu senhor! Beije a terra e peça perdão por ter se insurgido!...

Ele a agarrou bruscamente pelos ombros, tentando forçá-la a ficar de joelhos, porém Mery resistiu: seu corpo parecia elástico. Sem dúvida, sua resistência seria inútil, se nesse ínterim um raio ígneo não tivesse recortado o ar e, entre Mery e a estátua, se interpusesse a cruz azul celeste.

Como que atingido por um golpe no peito, Uriel foi atirado para trás largando Mery; esta soltou um grito abafado, estendeu as mãos e caiu no chão de bruços.

V

Ao voltar a si, Mery viu-se deitada na cama. Estava muito fraca e quebrada, sua cabeça parecia vazia: era-lhe difícil até raciocinar; tanto o incidente na véspera como todo o seu passado pareciam toldados por névoa, com lacunas que ela não conseguia preencher.

Estando esfaimada, tocou a campainha; minutos depois em seu dormitório adentrava uma jovem bonita. Mery a observou curiosa. Aquele rosto pálido, com olhar estranho e olhos fosfóricos, parecia-lhe familiar.

Mery deixou-se vestir indiferentemente. Aproximando-se da janela, viu que a noite já havia descido. Teria ela dormido o dia inteiro? Por quê? Como? Ela não conseguia atinar.

Maquinalmente, dirigiu-se ao refeitório, onde lhe foi servido um repasto; mas o chocolate denso tinha um gosto asqueroso de sangue e o pão torrado esfarinhou-se em sua boca feito cinza. Apesar do nojo experimentado, Mery comeu e bebeu tudo como que movida por força estranha. Descansando o rosto nas mãos acotoveladas, tentava juntar as idéias e lembrar-se onde tinha visto a nova camareira quando, de súbito, esta anunciou-lhe a vinda do doutor Zatórsky, que a aguardava na sala de estar.

Mery estremeceu. Zatórsky?... Mas esse é o sobrenome de Vadim Víktorovitch, seu noivo falecido. Ou tudo isso era um sonho?... Com dor aguda no cérebro, ela novamente perdeu o fio do raciocínio, preservada apenas a recordação de que o doutor a guardava; e saiu apressadamente para seu encontro.

Sentado à mesa, o doutor, de trajes negros, folheava um álbum. Ao vê-la, ele se levantou e beijou a mão de Mery.

— Como está se sentindo, minha querida? Está tão pálida! Por que convidou visitas para esta noite?

Mery sentia a cabeça tonta, os pensamentos se embaralhavam; enxugou febrilmente a testa úmida com um lenço.

Seu noivo pareceu-lhe estranho. O modo de olhar era diferente: penetrante e incandescido de paixão, como nunca; seu corpo emanava frio e a mão que apertara a sua era úmida e gelada.

— Eu convidei as visitas? – fez ela, sem entender nada. – Que visitas? Não consigo entender o que há comigo hoje. Ocorre-me na mente que o senhor foi morto pelo barão Kosen.

O doutor rompeu em riso esganiçado.

— Mery, Mery, seus nervos estão à flor da pele, você está tendo alucinações. Tenho a impressão de que devo tratá-la seriamente. Espero que você não tenha se esquecido de nosso casamento? – continuou ele, rindo. – Bem, vou tratar sua saúde. Que eu estou vivo, as provas dispensam. Quanto ao barão e sua esposa, ambos estão sadios e você verá Anastácia Andréevna à noite. Bem, tenho de deixá-la agora. Você ainda precisa se vestir e ultimar alguns preparativos para o banquete.

Ele se levantou, abraçou-a apaixonadamente e a cobriu de beijos. Seus lábios glaciais espalharam frio por todo o corpo de Mery. A vida parecia-lhe se esvair; quando Zatórsky a soltou dos braços, ela caiu no sofá, perdendo momentaneamente a consciência.

Já recuperada, viu que estava sozinha. A iminência do banquete noturno afluiu à sua mente, e este seria no salão nobre da casa – disso ela tinha certeza. Momentaneamente isso lhe pareceu natural, pois a casa pertencia a Van der Holm, como tudo que era relacionado a esse nome. Sem pensar em mais nada, seguiu para o andar de cima.

Profusamente iluminado, o salão recebia últimos preparativos. Na saleta anexa, um homem colocava flores dentro de vasos japoneses; ao se virar para Mery, esta estremeceu: o homem de rosto cadavericamente pálido e pescoço atado era Karl – o jardineiro de Zeldenburgo... Não é possível... ela estava sonhando... ela o viu morto pelo tigre misterioso, e o tigre era Pratissuria – seu guardião!... Novamente uma dor lancinante na cabeça rompeu o curso de seus pensamentos.

Seguindo adiante, no refeitório ela topou com o mordomo e a nova camareira, arrumando a mesa para o jantar. Foi então que ela reconheceu a ambos: o mordomo era Akim, criado da baronesa, e a moça era Fênia. Mas os dois haviam morrido!... Aliás, todos os que ela encontrara até então eram tidos como mortos, entretanto ali estavam trabalhando...

Um novo evento, porém, mudou o rumo de seus pensamentos desconexos. O refeitório foi adentrado pela baronesa, e Mery apressou-se em sua direção para cumprimentá-la e convidá-la para o quarto contíguo.

A baronesa trajava um vestido negro bordado, uma flor vermelha acolchetava-se ao corpete e um pequena diadema adornava seus cabelos ruivos. Deitando um olhar desdenhoso em Mery, ela perguntou por Vadim Víktorovitch e, sem esperar resposta, adicionou:

— Sabe, queridinha, o que estão falando de mim na alta-roda? Dizem que o doutor está caído por mim e é meu amante. Há-há-há! Que infâmia! Só amo meu marido.

Ela soltou uma nova gargalhada tão sinistra, que Mery se arrepiou.

— Estou feliz que seu casamento colocará um termo nesse falatório.

Sua conversa foi interrompida pela chegada de outras pessoas, entre as quais estava o doutor, desta vez de fraque e gravata branca. Mery não se lembrava de todos os convidados, cujos rostos pálidos e olhos estranhamente fulgurantes e perscrutadores a deixavam perturbada.

O salão de baile já estava repleto de pessoas dançando ao som de um piano cujos acordes trêmulos e bruscos produziam uma impressão pesada. De cabeça zonza, Mery observava a multidão rodopiando em dança tresloucada, pairando com a leveza de folhas multicoloridas ao sabor do vento.

Subitamente, seu coração abrasou-se, inflamado por sentimento de ciúme: o doutor e a baronesa haviam sumido. Respirando pesado, Mery esgueirou-se até a saleta onde há pouco conversara com a baronesa, e ergueu de leve o reposteiro. Sentada nos joelhos do doutor, a baronesa cingia-lhe apaixonadamente o pescoço, fitando-o nos olhos. Através da cútis e por trás de seus cabelos ruivos, desenhava-se um contorno de caveira.

Mery virou-se indignada e saiu correndo de volta, mas nisso o doutor a alcançou e, segurando-a, censurou-a pelos ciúmes infundados, jurando-lhe amor irrestrito. Erguendo-a pela cintura, ele rodopiou com ela até o fundo do salão, tão vertiginosamente que lhe sustou a respiração.

Então, de súbito, uma melodia maravilhosa, tal qual de harpa eólica, atravessou o salão, e o ar coruscou-se de cruz luzidia, de cujo centro feixes luminosos partiram em todas as direções, instalando pânico nos dançarinos. O cavalheiro de Mery fugiu assustado para o gabinete; os demais convidados, cujos rostos de palor intenso se desnudavam em caveiras arreganhadas, corriam pelo salão. Finalmente tudo mergulhou em escuridão violeta...

Ensandecida de terror, Mery tratou de deixar o local e, sem saber como, conseguiu descer a escada escura. Já no quarto, totalmente exausta, ela se deixou cair na poltrona e desfaleceu.

No dia seguinte àquele serão diabólico, por volta das nove horas da noite, Eletsky e seu amigo Ravana Veda – como este era chamado na casa do barão – estavam no quarto do príncipe. Ambos parecia preocupados, sobretudo o doutor, que andava pelo quarto de cenho carregado.

— O momento decisivo está chegando. Tomara que tenhamos forças suficientes para resgatá-la das garras dos monstros, que já a querem morta – observou Zatórsky, com olhos umedecidos.

— Não venha com desânimo nesta hora! Lançarei mão de todas as forças de que disponho; fora isso temos Vedjaga Singa, de quem espero algumas instruções. Se Deus quiser, derrotaremos o mal.

Suspirando, o doutor sentou-se como que mais animado; sobreveio um longo silêncio. De súbito a porta se abriu silenciosamente e entrou um homem alto de rosto brônzeo, que se aproximou do príncipe e curvou-se-lhe em reverência.

— Kovindassami! – exclamou Eletsky, levantando-se. – Foi o mestre que o enviou?

— O mestre está aqui em pessoa e os aguarda no automóvel junto ao portão. Disse para vocês irem até ele, levando consigo os objetos relacionados nesta folha – disse o hindu, estendendo um papel.

Em cinco minutos, o príncipe e seu amigo desciam ansiosos até o automóvel estacionado na rua. O príncipe acomodou-se agilmente no banco traseiro ao lado de um homem de capa escura e capuz na cabeça, e esboçou a intenção de beijar-lhe a mão, porém este a arrancou, dizendo:

— Deixe disso, meu filho! Eu sei que você está feliz em me ver. Deixe entrar seu amigo e vamos logo à clinica dele.

— Que felicidade inesperada, caro mestre! Bem, diga-me como veio parar aqui?!

— Eu estava a caminho de Londres e resolvi passar por aqui para dar meu apoio no resgate da pobre infeliz, vítima dos satanistas. Queria também conhecer meu novo discípulo, que salvamos da morte.

Enquanto Zatórsky, gaguejando de emoção, expressava sua gratidão, o automóvel a toda velocidade chegava à clínica hermética. Os nossos heróis dirigiram-se então a um anexo do prédio, que normalmente servia para abrigar eventuais pacientes necessitados de certo repouso, onde foram recebidos pela administradora da clínica – uma mulher de idade mediana, simples mas enérgica, enviada pela irmandade em Tirol para auxiliar o doutor.

O mago passou-lhe algumas instruções e, quando ela saiu, disse a Zatórsky:

— Seja corajoso, meu filho! Se sua amada rejeitar espontaneamente o inferno e buscar o auxílio divino, sua alma será salva. Conforme o senhor sabe superficialmente, há alguns dias numa reunião dos membros superiores os satanistas decidiram livrar-se de Mery. Com esse intuito, eles paralisaram o cérebro dela e o povoaram de larvas e, se não tivéssemos intervido ontem, ela estaria morta. Agora eles estão furiosos e pretendem hoje à noite, após uma orgia satânica, sacrificá-la pelo tigre. Devemos juntar nossas forças, tanto mais que o próprio Asrafil e Uriel estarão presentes. Eu vou preparar-me para o confronto, mas antes devemos devolver à coitada seu pleno juízo e livre vontade.

Com o auxílio de seus discípulos, o mago iniciou os preparativos misteriosos.

Mery recuperou a consciência na mesma poltrona onde desfalecera, depois de fugir do salão de baile. A recorrente lembrança vaga do ocorrido enchia-a de sentimento de nojo e revolta. Seu corpo parecia moído; ela levantou-se com dificuldade e esquadrinhou o olhar em volta. Pratissuria, deitado no tapete ao seu lado, observava-a com olhos inteligentes. Ela acariciou o tigre e foi para o dormitório, onde se deitou na cama sempre seguida por ele. Depois de tocar a campainha por duas vezes, sem que alguém aparecesse, Mery mergulhou numa sonolência pesada.

Tirou-a desse torpor um forte golpe de vento, que lhe refrescou o rosto. Ela se soergueu e avistou uma misteriosa faixa larga de luz azulada que invadiu o quarto pela janela. Nessa faixa luminosa, tal qual de luar, divisava-se um homem alto em trajes alvos, com a cabeça envolta em larga auréola. Antes deslizando do que andando pelo tapete, o estranho visitante foi até o tigre deitado, curvou-se e manipulou sua coleira, indo em seguida até Mery, que o observava pasma e calada.

Foi então que ela pôde distinguir que o misterioso visitante era ainda um homem jovem, tipo estrangeiro; sua tez brônzea era bela e majestosamente severa e nos grandes olhos negros fulgia vontade dominadora. Ao depositar suas mãos sobre a cabeça da jovem, esta sentiu como que uma flecha ígnea atravessando-lhe o cérebro. Dando um passo para trás, ele lhe sussurrou:

— Está se aproximando o minuto decisivo de sua vida. Os filhos do inferno, aos quais você está ligada, tentaram matá-la entregando-a à luxúria dos espíritos impuros, que os devora com paixão carnal até no túmulo. Aquele que assumiu o aspecto de seu amado nada mais era que um íncubo(2), que

(2) Demônio masculino que, segundo crença popular, vem copular à noite com uma mulher, perturbando-lhe o sono e causando pesadelos. (N.T.)

deveria atá-la para sempre ao reino das trevas. Mas a misericórdia de Deus é infinita e Seu amor às Suas criaturas jamais se extingue, por mais que elas sejam criminosas. Assim, eu vim dizer-lhe que, se ao invés das palavras sacrílegas que você é obrigada a pronunciar, você se dirigir ao Senhor e disser, com muita fé – "A cruz triunfa sobre o inferno", será protegida e salva.

A figura do espectro empalideceu e dissolveu-se no feixe azulado, que se esmaeceu por sua vez.

Mery saltou da cama e, febricitante, pôs-se a andar pelo quarto. O cansaço e a incapacidade de raciocinar sumiram totalmente; tinha consciência de tudo e seus pensamentos possuíam uma clareza incrível.

O aparecimento da camareira interrompeu seus devaneios. Esta a mediu com olhar hostil e desconfiado, dizendo que viera vestir a ama.

— A senhora não esqueceu que hoje é dia de seu casamento? – acrescentou ela em tom jocoso.

— Oh, não! Eu sei que a cerimônia é logo mais, por isso vista-me rapidamente – ordenou Mery, determinada.

Sem se opor, ela suportou a toalete diabólica com banho e ungüentos; deixou-se vestir numa fina malha negra; colocou uma capa vermelha bordada a ouro e decorou seus cabelos soltos com diadema de brilhantes, do qual saltavam chifres de rubi. Terminada a toalete, Mery passou ao *boudoir*, sempre acompanhada por Pratissuria, de cabeça pensa e rabo encolhido. Uma ira tempestuosa exacerbou-lhe a alma quando ela se olhou no espelho e, subitamente, amadureceu-lhe a decisão de estragar os planos da irmandade, ainda que fosse a preço de sua própria vida, uma vez que esta, de qualquer forma, era insuportável.

Neste instante entrou Uriel vestido festivamente. Seu rosto angular estava sombrio; os olhos fulgiam de ódio diabólico.

— Devo preveni-la, irmã Ralda, os meus superiores estão muito insatisfeitos com você. Ao invés de lutar contra os nossos inimigos, você está sempre se rebelando. Ou você acha que o doutor Zatórsky, tido por você como um ser "superior", não está de nosso lado? Há-há-há! Bem antes de sua morte oficial ele se tornou um membro de nossa irmandade. Mas como vocês dois se amam, nós, pacientes e misericordiosos, deixamos que você se case com ele. Os mestres acreditam que, tornada a esposa do homem amado, você virá a ser nossa seguidora fervorosa. Dessa cerimônia participará o grande mestre Asrafil e os demais membros da irmandade, por isso não quero vê-la de cara amarrada. Caso contrário, sua morte será violenta ou, o que é ainda pior, você poderá ser encarcerada numa de nossas cidades satânicas. Está surpresa? Como em toda lenda existe um fundo de verdade, até os seres vivos correm risco de ir para o inferno. Eles não imaginam o que é inferno, por isso não têm medo. Soubessem eles dos mistérios que o mundo oculto guarda, seriam mais ajuizados e cuidadosos. Bem, agora vamos – disse ele, rispidamente, pegando a mão de Mery e chamando com um gesto Pratissuria.

Eles galgaram a escadaria e adentraram o salão nobre, cuja decoração já era diferente. No meio dele, na altura de dois degraus, assomava-se o altar revestido de veludo vermelho, onde, entronizado numa poltrona dourada, estava Asrafil ladeado por dois altos candelabros de sete braços, com velas pretas acesas; os braseiros, dispostos em triângulo, espalhavam um odor acre e entorpecedor; as lâmpadas de teto inundavam o ambiente com luz sangüínea.

Em torno de Asrafil apinhavam-se em semicírculo os convidados, em trajes festivos, rostos lívidos, carcomidos por paixões animalescas. Na primeira fileira estava a baronesa Kosen e, diante do altar, postava-se em fraque e gravata branca o duplo do doutor Zatórsky. Uriel levou Mery diretamente a ele e a fez segurar a mão glacial do "doutor".

Neste ínterim, dois satanistas trouxeram arrastando pelos chifres um bode preto e, imediatamente, um dos homens em vestes vermelhas sacrificou-o aos pés dos noivos. Ao colher na taça o sangue que jorrou do ferimento, ergueu-a sobre a cabeça, dizendo alto:

— Compartilhem a essência da vida desta taça. Você, Ralda, em nome do senhor Satanás, jure amor e fidelidade ao seu esposo Astorot, filho legítimo do rei das trevas.

O coro dos presentes iniciou um canto desconexo e, no momento em que o noivo se preparava para colocar a aliança no dedo de Mery, o satanista levou-lhe aos lábios a taça, ordenando que ela tomasse de seu conteúdo.

Com resolução desesperada, Mery arrancou a mão de Astorot e com um soco violento derrubou a taça do sacerdote satânico; o anel rolou para longe. Com voz rouca de indignação, ela gritou:

— A cruz triunfará sobre o inferno! Morrerei devota a Cristo Salvador; vocês não terão a minha alma, seus malditos! A minha agonia expiará meus pecados diante do Senhor, a quem injuriei, sacrílega. Entrego a minha alma em sua mãos, ó Deus misericordioso!

Por entre a assembléia horripilante instalou-se um silêncio mortal, apenas quebrado por trovoadas longínquas; aparentemente, desencadeava-se uma tempestade cuja iminência, porém, era por todos ignorada.

Asrafil se retesou e, espumando pela boca, parecia prestes a se lançar sobre a "revoltosa". Neste instante, Uriel com rosto transfigurado, empunhando uma adaga, saltou à frente de Mery; de súbito, porém, Pratissuria de um salto interpôs-se entre eles, eriçando o pêlo. Tomado de fúria, Uriel vociferou um impropério e urrou os esconjuros, ordenando ao tigre despedaçar a "indomável". Para espanto de todos, a fera soltou um urro estrondoso, fazendo os vidros tremerem, saltou sobre Uriel e, derrubando-o no chão, cravou suas presas no pescoço do satanista, ao mesmo tempo que arrancava pedaços de carne de seu peito com as garras, junto com a roupa.

Um violento rolar de trovão se fez ouvir bem acima da casa, e o salão foi riscado por um raio ígneo atingindo e derrubando Asrafil do trono, bem como os candelabros, os braseiros e alguns dos presentes. O tigre, entrementes, largou o cadáver de Uriel e, com uma patada, abateu Ukobakh.

Apesar das dores insuportáveis por todo o corpo, Mery só pensava em fugir daquele lugar nefasto, aproveitando a confusão reinante. Assim que um novo relâmpago rasgou o ambiente com luz esverdeada, ela se lançou em direção ao tigre, que acabava de dilacerar um satanista, agarrou-o pela coleira e puxou-o. Pratissuria parecia ensandecido, contudo obedeceu Mery. Tal qual furacão, eles desceram a escada e através de uma porta lateral saíram para o jardim, correram até o portão e se viram na rua. Segurando Pratissuria pela coleira, esquecida de suas estranhas vestes, Mery corria como se açoitada pelos demônios; ela só se lembrou de arrancar da cabeça o diadema com os chifres.

— Salve-me, Cristo! A cruz triunfará sobre o inferno! – repetia ela sem parar.

Felizmente as ruas que ela percorria com seu estranho acompanhante estavam vazias: a hora tardia e a chuva torrencial – que aliás pouco lhe importava – afugentaram os moradores. De repente, dobrando uma rua, ela se viu diante da porta aberta de uma capela. Algumas lâmpadas derramavam luz pálida sobre os rostos severos dos santos e um grande ícone de Nossa Senhora das Dores. Mery soltou um grito surdo. A casualidade que a levou à capela era como que uma resposta, vinda de cima, de que o seu arrependimento foi ouvido e os

Céus novamente a amparavam. Ali estavam os protetores benevolentes de todos os fracos de espírito, dos perdidos, dos pecadores e criminosos; ali estava a Mãe de Deus, estendendo Seu manto protetor para propiciar refúgio a todos os sofredores.

Mery soltou o tigre da coleira, entrou na capela e, ajoelhada, estendeu súplice as mãos aos ícones; a prece, há muito tempo expulsa e proibida, jorrou de seus lábios em torrente de amor e arrependimento, pedindo forças e auxílio.

— Senhor, tenha piedade de mim – repetia ela, persignando-se em meio a prostrações até o chão.

E seus clamores não foram inúteis; sua fé e esperança redobraram-se, devolvendo-lhe relativa paz. Arrebatada, ela agradeceu ao Criador a salvação e suplicou que lhe fosse indicado o caminho certo para romper de vez com seu passado criminoso.

Subitamente, lembrou-se de seu companheiro de infortúnio – o tigre, deixado solto. E se ele embrenhasse pelas ruas; e se acontecesse alguma desgraça? Ela se virou num sobressalto, porém se acalmou imediatamente, ao avistá-lo deitado na entrada da capela com o focinho enfiado entre as patas. Ele, seu fiel amigo, que acabara de salvá-la da morte certa matando Uriel, estava esperando por ela. Mery aproximou-se do mascote e acariciou-o; o tigre levantou a cabeça e lambeu-lhe a mão, fitando-a quase com uma expressão humana, triste e apreensiva. O coração de Mery comprimiu-se de pena e seus olhos encheram-se de lágrimas.

Nisso, um outro pensamento fê-la estremecer por dentro: onde acharia um abrigo no meio da noite procelosa, vestida em traje indecoroso, e em companhia de um tigre? Deixá-lo à sorte do destino estava fora de questão. Ela preferia a morte, a tornar a cruzar o limiar da porta da casa de Van der Holm.

De súbito sua atenção foi atraída para o som da buzina de um automóvel e, antes que ela pudesse esconder-se no interior da capela, Zatórsky e o príncipe saltaram do carro.

— Mery! Graças a Deus que nós a achamos! – exclamou o doutor, indo em sua direção.

— Ajude-me, Vadim! – rogou Mery, lançando-se em seus braços.

— Foi para isso que viemos – assegurou o príncipe, envolvendo a numa capa. – Rápido, Vadim, leve-a ao carro; ela mal se agüenta em pé – acrescentou, ao ver Mery cambaleando.

O doutor ergueu-a feito a uma criança.

— Peguem Pratissuria; ele acabou de salvar minha vida – tornou Mery em voz débil, estendendo as mãos ao tigre.

O animal interpretou o gesto como convite e, num piscar de olhos, alojou-se no banco traseiro do automóvel, para grande alívio do príncipe e Zatórsky, que carregava Mery nos braços.

Mas as experiências vividas esgotaram por completo as forças de Mery; sua cabeça tonteou e ela desfaleceu nos braços do médico.

Ao chegarem à clínica, Vedjaga Singa mandou que Mery fosse entregue aos cuidados da administradora e, dirigindo-se aos discípulos, disse:

— Bem, amigos, temos de ir à casa de Van der Holm, onde nos espera um serviço inadiável, ou seja: concluir o justiçamento supremo.

Ajudados por Kovindassami, eles puseram vestes longas de lã; o mago e o príncipe colocaram no pescoço medalhões com sinais mágicos, de acordo com seu grau de iniciação; Zatórsky pôs uma faixa com estrela de prata bordada. Envoltos em capas escuras, partiram de automóvel em companhia de Kovindassami; este levava consigo um comprido estojo de ébano.

A casa de Van der Holm estava mergulhada em lúgubre escuridão; todos seus acessos estavam trancados, com exceção do portãozinho do jardim, através do qual Mery e o tigre escaparam. O príncipe foi na frente iluminando o caminho com farolete de pilha, até que no vestíbulo Vedjaga Singa, que parecia conhecer bem a casa, adiantou-se e acendeu a luz, que iluminou um quadro asqueroso.

Um satanista aparentemente em fuga fora surpreendido pela morte: ajoelhado e abraçado na coluna, sua cabeça pendia para trás sob o peso de um gato morto, que cravara as garras em sua nuca, e – coisa incrível! – o focinho do animal tinha o aspecto de um anão senil de cara enrugada.

Pegando com Kovindassami duas espadas mágicas dentro do estojo, Vedjaga Singa as deu aos seus discípulos, ficando com uma terceira de lâmina larga e fulgente. Com as outras mãos empunhando os crucifixos de ouro, dardejando feixes luminosos, os três subiram ao piso superior seguidos por Kovindassami, carregando uma bacia com água e aspersório.

Na porta do salão eles se detiveram por alguns instantes, enojados do espetáculo medonho.

No primeiro plano, jazia Uriel totalmente dilacerado por presas e garras do tigre; os cadáveres mutilados de Abrakhel, Ukobakh e Zepar espalhavam-se em poças de sangue: tamanha fora a ferocidade de Pratissuria. Ali e acolá, amontoavam-se os corpos contorcidos por terríveis convulsões de pessoas estranhas, entre os quais o da baronesa Kosen, já em decomposição; ao lado do bode sacrificado, estendia-se o cadáver daquele que interpretou o noivo satânico de Mery. Com todo o luxo da mobília e decoração, apesar de tudo profusamente iluminado, o salão parecia o próprio inferno, onde o *mal* emergira em toda a sua fealdade, sendo alcançado pela justiça celeste.

Empunhando alto a cruz luzidia, Vedjaga Singa caminhou até atrás do altar tombado de lado; ali, como que crucificado na parede, uma criatura horrenda – o filho sinistro do sorvedouro – espreitava a aproximação do mago, de olhos injetados. Seu aspecto era humano, mas seu corpo flexível era coberto até o pescoço de pêlo negro, felpudo e brilhante. O rosto, palidamente esverdeado, transfigurado por fúria impotente, terminava por barbicha pontuda. As mãos ganchosas, tal qual garras, e as asas dentadas estavam pregadas à parede com flechas incandescidas com pontas cruciformes, que neutralizaram o monstro diabólico.

Vedjaga Singa postou-se diante dele e ergueu o crucifixo. Mal os feixes iridescentes do símbolo da eternidade e salvação atingiram o demônio, este começou a se contorcer e urrar feito fera.

— Bem, estamos frente a frente, Asrafil – seu monstro convencido e criminoso! É claro: no reino das trevas você tem lá a sua importância, mas diante da onipotência de Deus, ao qual ousou profanar, você não passa de nulidade diabólica, cheia de vícios. A hora do castigo por seus malefícios chegou; mas o Todo-Poderoso em sua infinita misericórdia às Suas criaturas, até com os ínfimos, oferece-lhe duas opções: vagar como um demônio infame pelos sorvedouros do inferno ou rejeitá-lo, curvando-se diante de seu Criador e remir a culpa com boas ações.

— Jamais! Sou um príncipe das trevas e quero permanecer assim! – urrou ele, tentando se libertar, espumando pela boca e esbravejando palavras sacrílegas.

— Bem, foi você que escolheu o destino e que se cumpra seu desejo! Incorpore-se no cadáver desse bode e vague nas moradas das trevas e do mal!

O mago agitou a espada e pronunciou fórmula mágica: uma chama cintilou na lâmina e atingiu o bode inerte. Um tremor percorreu o corpo já enrijecido do animal, e este se levantou feito autômato, escancarando a boca e arregalando olhos vitrificados. Vedjaga Singa aproximou-se de Asrafil e nele desenhou um sinal cabalístico que cintilou fosforicamente no ar, obrigando o demônio a urrar de dor e a contorcer-se como que tocado de brasas incandescidas. Agilmente, o mago então perpassou-o com a espada flamejante, dizendo em voz alta:

— Asrafil! Pelos poderes a mim conferidos de exorcizar os seres demoníacos perversos, ordeno-lhe encarnar-se nesse animal, já condenado para a decomposição.

Ouviu-se um estrondo, o corpo penugento do demônio inflamou-se e começou a contrair-se, até ficar reduzido na ponta da espada ao minúsculo monstrinho de cara asquerosa e transfigurada. O mago então levou-o à boca escancarada do bode, onde a criatura desapareceu; os olhos vitrificados do animal subitamente cintilaram de ódio diabólico e ele recuou, assoviando roucamente.

Enquanto seus ajudantes iniciavam a recitação de fórmulas, Vedjaga Singa foi até a cortina de seda que toldava a parede e descortinou um amplo e fundo nicho com porta em estilo gótico, coberta de hieróglifos vermelhos, guardada, de um lado, por serpente empinada na cauda, e do outro – por dragão de asas dentadas. Mal aquela porta foi tocada pelo mago com a ponta da espada, ela se abriu com estrondo, liberando uma coluna de fogo fumacento, que logo se extinguiu e, por trás da fumaça em dispersão, divisou-se um quadro lúgubre e bizarro, já visto por Mery em sua viagem ao pandemônio.

Num salto tresloucado, o bode atravessou o limiar e, urrando surdamente, sumiu no espaço nevoento. O príncipe e o doutor, abismados, presenciaram então mais um espetáculo inesperado e asqueroso. Revelando agilidade incrível, como que ressuscitados por corrente galvânica e movidos por força invisível, os cadáveres ensangüentados se erguiam e lançavam-se ao vão da porta, desaparecendo na bruma, de onde se ouvia uma gargalhada sonora de escárnio, recepcionando cada um que chegava. Quando finalmente desapareceu o último cadáver, a porta fechou-se com violência e Vedjaga Singa nela desenhou uma cruz límpida.

— Nenhuma larva ou espírito demoníaco poderá mais passar por ela – disse ele. – Precisamos agora acabar de limpar a casa das forças do mal. Como Mery é herdeira legal deste imóvel, direi para ela que o destine para alguma instituição beneficente. A irmandade satânica sofreu perdas pesadas e não ousará protestar contra isso. Bem, vamos embora, meus amigos! Os miasmas daqui são nocivos até para adeptos.

De fato, o príncipe estava muito pálido e fraco; Zatórsky cambaleava de tontura, receando desmaiar.

Vedjaga Singa deu-lhes uma essência aromática e tonificante para cheirar. Ao saírem para o jardim, o ar fresco revigorou-os ainda mais e eles retornaram rapidamente para a clínica de Zatórsky.

No vestíbulo, a administradora recebeu-os preocupada.

— Mestre, fiz o que me mandaram: queimei a roupa dela e lhe preparei o banho, porém não consegui carregar Mery – seu corpo está pesado feito chumbo e alguém precisa ajudar-me.

— Está bem. Deixe-me tomar um banho e trocar de roupa, depois irei ajudá-la; enquanto isso continue com a defumação – ordenou o mago.

Um quarto de hora mais tarde, Vedjaga Singa e Zatórsky foram à sala onde ficava a piscina; num canto, no sofá, Mery jazia ainda inconsciente. Na lareira crepitavam as brasas, e recendia forte cheiro de ládano e zimbro. Com a entrada do mago, de todos os cantos se ouviu barulho. Um golpe de vento atravessou a sala, fazendo tremer as janelas; os vidros foram atingidos por areia e pedaços de pedra.

Sem dar atenção às manifestações beligerantes, Vedjaga Singa aproximou-se e curvou-se sobre Mery, que gemia surdamente, ainda que estivesse desacordada. Sobre seu peito repousava uma xícara com ervas resinosas que crepitavam ao arderem; o mago lançou um punhado de pó branco e verteu sobre a cabeça de Mery um líquido incolor, recitando fórmulas. Do corpo dela começou a se desprender uma fumaça densa, cobrindo-a toda; em seguida, da fumaça saltaram esferas vermelho-sangüíneas, azuis, amarelas e negras, que estouravam e espalhavam um odor nauseabundo de putrefação.

Mery continuava a gemer. Vendo seus sofrimentos, Zatórsky perguntou alarmado, com olhos marejados:

— O senhor tem certeza de poder salvá-la?

— Sem dúvida, sua sorte é que ela não foi possuída por nenhum demônio, o que é raro ao se tratar de satanistas. A providência resguardou-a dessa relação terrível e mortal, e ela revelou muita força e resolução em momentos difíceis. Está claro que ainda terá muito trabalho para recuperar a sua pureza. Mesmo assim, repito, ela é muito corajosa e estou convicto de que suportará dignamente as dificuldades da purificação. Mery foi vítima das circunstâncias e tornou-se o que é contra a vontade e sem se dar conta disso.

Indo até a piscina, ele mandou acender os braseiros dispostos em triângulo a seu redor. Verteu na água um líquido do frasco, mergulhou nela o crucifixo, determinou que Mery fosse trazida e, com o auxílio do doutor, colocou-a na piscina. Instantaneamente, ela soltou um grito desatinado e abriu os olhos; a água, neste ínterim, começou a efervescer como se nela houvessem posto ferro incandescido. Mery se debatia, achando que ia morrer – tal era a dor insuportável que lhe abrasava o corpo; mas o mago e Zatórsky seguravam-na firmemente e, à medida que o primeiro recitava as fórmulas, os sofrimentos de Mery pareciam diminuír, enquanto a água se levantava em espumas esverdeadas, mescladas por sulcos púrpuros. Quinze minutos depois, a água parou de efervescer. Mery foi retirada da piscina e transportada para um dos quartos da clínica, onde ficou estendida desacordada, aparentemente num estado cataléptico. Vedjaga Singa mandou a administradora trocá-la em roupas novas, colocar na cabeceira uma cruz e repetir a cada duas horas as defumações receitadas.

— Deixemos que descanse até amanhã, quando então falarei com ela e lhe darei alguns conselhos; depois, daqui a dois dias, eu tenho de ir embora. Dirigindo-se novamente à administradora, ele a inquiriu: – E onde está o tigre?

— Ele se enfiou num canto do saguão e não deixa ninguém se aproximar dele – respondeu ela.

— Deve estar com fome. Mandarei Kovindassami cuidar dele; e vocês, meus amigos, precisam descansar – disse o mago, despedindo-se.

VI

Mery acordou no dia seguinte perto das dez horas da noite. Não sentia nenhuma dor, porém estava muito debilitada.

A administradora da clínica trouxe-lhe um copo de leite e pão, deu-lhe um banho e vestiu-a num robe branco e comprido com cruz vermelha bordada nas costas e um cálice dourado enfeitando-lhe o peitilho; um cordão branco de seda cingia-lhe a vestimenta leve. Durante a toalete, ela perguntou apreensiva o que acontecera a Pratissuria.

Ao saber que o tigre se achava na casa, sendo cuidado por assistentes do mago, ela se acalmou. Logo chegou Zatórsky, a fim de chamá-la para uma conversa reservada com Vedjaga Singa.

Vedjaga Singa recebeu-a vestido de trajes hindus, envergando turbante de musselina na cabeça. Ele ordenou que a jovem se pusesse de joelhos e repetisse, palavra por palavra, uma oração; feito isso, disse-lhe para oscular a cruz sobre a mesa, abençoou-a e levantou-a.

— Parabéns, minha filha, por ter tido a coragem suficiente de romper com as forças obscuras e retornar, submissa e arrependida, aos pés do Criador. Mas não vá pensar que tudo acabou. Você só teve uma purificação prévia e ainda há muita coisa a ser feita para desvencilhar-se definitivamente dos grilhões funestos do passado. Então, minha criança, eis o que deverá ser feito. Antes de tudo, recolha-se por uns sete meses num dos nossos abrigos e lá, na solidão, nas orações e reflexões, haura as forças necessárias para enfrentar os satanistas. Quando esse embate terminar e os nossos mentores a acharem suficientemente forte, você irá a Comnor Castle para libertar Edmond e livrar-se da maldição que a oprime. Você jamais desfrutará de paz enquanto existir aquele monstro, gerado pelo ódio; ele encarnou em si tanto os malefícios seus como os de Edmond. Tornando-se um espírito livre, ele poderá deixar o lugar ao qual ficou atado por suas maldições e profanações; ao se purificar, você poderá orientar o infeliz para o caminho da verdade.

Sem conseguir conter a emoção, Mery agarrou a mão do mago no intuito de beijá-la, mas este não o permitiu e, depositando-a sobre a cabeça da jovem, prometeu-lhe amizade e proteção constante.

De súbito, Mery ajoelhou-se e, olhando súplice para o mago, sussurrou hesitante:

— Tenho, mestre, dois grandes pedidos.

— Então fale! Que amigo seria eu se não atendesse seus pedidos.

— Mestre, no reino das trevas que eu abandonei, deixei alguns seres, aos quais fiquei afeiçoada e de quem tenho enorme pena. Primeiro é o capeta Cocotó com seu bando, cedidos na qualidade de servidores. O senhor não pode fazer com que a atividade deles se oriente para o bem, e não para o mal? Eles estão muito infelizes sem a ama deles, porque eu não pude devolvê-la. Famintos e abandonados, esses coitados poderão causar muitos malefícios. Tenho muita pena de Cocotó e queria que o seu minúsculo cérebro, dirigido para o mal, fosse orientado para o bem e para a luz. Não poderia eu fazer algo por eles? Eles estão atados a mim e devem-me a obediência.

— Cumprimento-a, minha filha, por não se ter esquecido de seus pequenos servos. E qual é o outro pedido? – perguntou sorrindo o mago.

— É com respeito a Pratissuria, meu guardião e companheiro, que compartilhou comigo as horas mais infaustas da minha vida; inclusive já choramos juntos. O pobre animal não tem culpa de ter sido arrancado das selvas nativas, sendo transformado numa arma das forças do mal. Juro-lhe, mestre, que essa fera não é mais cruel do que aqueles em cujo poder eu sucumbi. De tanto nos afeiçoarmos, ele me salvou de Uriel. Diga-me, mestre, é possível libertá-lo do poder dos demônios?

Um sorriso bondoso iluminou o belo rosto de Vedjaga Singa.

— Estou feliz, minha filha, que mesmo cercada do mal seu coração permaneceu sensível às afeições puras e desinteressadas dos seres inferiores. Atenderei seu pedido de libertar seus ex-servos das peias infernais. Chame-os!

— Eu ainda posso proferir fórmulas satânicas?

— Sim, pode, mas pela última vez. Espere um pouco, enquanto eu faço as devidas preparações.

Por determinação do mago, Kovindassami trouxe alguns objetos e em seguida Vedjaga Singa disse para Mery iniciar o chamamento.

Mal ela acabou de pronunciar a devida fórmula, surgiu Cocotó com sua turma e, após reverenciá-la, postou-se diante dela. Ele parecia triste, debilitado, e sua carinha refletia desespero; atrás dele, o aspecto de seus comandados também era digno de pena: seus corpinhos apertavam-se assustados uns contra outros e os olhos faiscavam na sombra feito minúsculos rubis.

O mago pegou um pedaço de resina quente e volteou-a por três vezes em torno dos capetas; tomados de terror, eles perceberam que seu caminho de volta estava cortado. Vedjaga Singa então verteu de um frasco uma substância para dentro do vaso com água, tudo se inflamou tal qual álcool, e imediatamente despejou o conteúdo sobre os capetas amontoados; estes, aos gritos e silvos, turbilhonaram pelos cantos, tentando sair do círculo mágico, sem conseguir rompê-lo. Em seguida, tudo se toldou em densa fumaça negra. Vedjaga Singa ergueu a mão sobre a nuvem e pronunciou imperiosamente:

— Pelos poderes a mim conferidos sobre os seres inferiores, eu rompo os elos que os atam às forças do mal e devolvo-os à condição de espíritos elementais. Transformem-se em espíritos do ar e elevem-se à luz sob a orientação das entidades superiores – seus mentores. De agora em diante, vocês não têm mais acesso aos sorvedouros lúgubres, onde tiritaram. Ordeno-lhes que se esqueçam de seus atos criminosos e de terem vivido nas esferas satânicas. A partir de agora, vocês só praticarão o bem. Que se disperse a escuridão, dando lugar à luz!

Um feixe amplo de luz azul celeste coruscou da mão do mago e como que recortou a fumaça negra, que se dispersou imediatamente, e os presentes deslumbraram então a metamorfose consumada.

Os corpos de Cocotó e de seus comandados perderam a densidade e tornaram-se diáfanos e azulados; os olhinhos vermelhos ganharam coloração cinza-azulada: as carinhas pontiagudas transformaram-se em rostinhos de criança e sob a testa de cada um cintilava uma chama. Dois espíritos da natureza, de ordem superior, pairavam sobre a multidão nevoenta para orientá-la daí em diante.

Lágrimas rolaram das faces de Mery; ela sabia que seus ex-servos não mais praticariam o mal e começariam sua ascensão a Deus, sempre fazendo o bem e coisas úteis. Feito uma revoada de borboletas, eles cercaram sua ex-senhora; Cocotó apertou-se reconhecido com sua cabecinha transparente contra a face dela.

Neste instante o mago escancarou a janela. Uma luz prateada inundou a sala e sentiu-se um suave e vivificante aroma; ao mesmo tempo, ouviu-se um poderoso e solene canto. Como que agarrados por ondas harmônicas, os seres transparentes alçaram-se na escuridão da noite junto com seus mentores.

Trêmula de alegria e gratidão, Mery voltou-se para o mago.

— Oh, como o senhor é bom! Como é generoso!

O mago balançou a cabeça em tom de censura.

— Não, minha filha, sou apenas um humilde servidor do Todo-Poderoso. Generoso de fato só é Deus, inefável em Sua infinita sabedoria e misericórdia. É Ele que propicia a redenção de toda criatura Sua, por mais baixo que ela tenha decaído, abrindo o caminho para Si... Bem, vamos cuidar de Pratissuria!

Realizaram-se então novos preparativos sob a orientação do mago. Braseiros foram dispostos com galhos resinosos em volta de uma esteira. Sobre a mesa colocada diante dos braseiros em círculo, Vedjaga Singa deitou sua espada mágica e uma almofada de pele de tigre, sobre a qual colocou o colar com o coração da bailadeira, que decorava a estátua da deusa Káli. O mago mandou então que trouxessem o tigre e, dirigindo-se ao príncipe e a Mery, completou:

— Vocês, meus amigos, serão encerrados num círculo de proteção que não atrapalhará, entretanto, que assistam a tudo. Eu instarei por Vairami; é ela que está atada magicamente ao tigre e, devido a isso, o animal foi entregue ao poder das forças do mal. Você, príncipe, também está parcialmente ligado a essa mulher, pois ela lhe deu seu sangue para beber. Sua vida austera, juntamente com a iniciação recebida, protegeram-no dos ataques da Fúria que anseia por matá-lo, mas está na hora de pôr um fim nisso tudo.

Com as palavras do mago, o príncipe empalideceu intensamente e pôs-se a tremer todo.

— É verdade! Eu percebi muitas vezes a presença dessa mulher, senti seu aroma e até fui tocado por ela. Certas ocasiões, à noite, eu a vi turbilhonando junto à minha cama numa dança lasciva, agitando seu terrível cordão vermelho. Assim que eu pronunciava a devida fórmula, ela desaparecia; em seus olhos porém havia tanto ódio que, devo confessar, me deixava com medo.

— Você ainda não estava bastante forte para não temê-la. Basta uma fraqueza momentânea e você pode se tornar uma presa desse monstro; mas eu romperei o elo que o prende a ela.

Nisso Kovindassami trouxe o tigre e retirou-se. Após encerrar Mery e o príncipe com Zatórsky num círculo mágico, o mago postou-se diante da mesinha, ordenando que o tigre deitasse aos seus pés. Este, ainda que tivesse obedecido, revelava certa inquietação, fustigava o chão com o rabo e por vezes rugia. Tirando do peito o bastão de sete nós, o mago começou a girá-lo acima da cabeça e, logo, na sua ponta, ardeu uma chama que se destacou e acendeu os braseiros.

À medida que se elevavam as densas colunas de fumaça, um fenômeno estranho operou-se no coração petrificado: sacudindo-se sobre a almofada, dele desprendeu-se no início um vapor avermelhado que, depois, começou a espargir gotículas de sangue. Nisso, sobre a esteira assomou-se uma nuvem enegrecida, salpicada de ziguezagues ígneos; após, a fumaça escura explodiu com estrondo funesto e no centro do círculo ígneo apareceu a bailadeira em todo o esplendor de sua beleza sedutora.

O seu corpo brônzeo-moreno, de talhe ideal, era apenas toldado por uma massa de cabelos negros feito alcatrão, que quase caíam até o chão. Em seu quadril esquerdo, entrevia-se um corte comprido e desse ferimento saía lentamente um sangue denso e escuro. As belas mãozinhas fechadas estavam estendidas para a frente, sacudindo ameaçadoras um cordão vermelho, enquanto os enormes olhos negros, ora flamejando, ora extinguindo-se, vagavam entre o príncipe e Pratissuria com indescritível expressão de sofrimento, fúria e desespero. O tigre esboçou um movimento para se levantar, mas, depois, arrepiou o pêlo e retrocedeu, rugindo sinistramente.

Vedjaga Singa ergueu a mão e então foi possível ver como do coração petrificado se desenrolou para cima uma tira fosforescente, que se dividiu em duas e, com uma ponta, cingiu o pescoço do tigre, que se quedou com gemido; a outra ponta quase agarrou o príncipe, resvalando em seu pescoço. Do ferimento da bailadeira cintilaram fios ígneos grossos que tocaram instantaneamente as duas tiras, unindo-se a elas.

O príncipe soltou um grito rouco, empalideceu cadavericamente e arremessou o corpo para trás.

Neste instante a lâmina da espada mágica inflamou-se na mão do mago e fulgiu com estrondo no ar, dessecando os fios, que se enrolaram com silvos e desapareceram. Vedjaga Singa pegou da almofada o coração, que parecia fresco como se acabassem de tirá-lo do corpo, e jogou-o para a bailadeira; imediatamente o órgão ensangüentado sumiu no ferimento aberto, que se fechou e, onde deveria estar a cicatriz, surgiu um triângulo fosforescente, como que selando o ferimento.

O espírito densificado estava terrível. Seu corpo flexível contorceu-se e cobriu-se de manchas escuras; as mãos assumiram aspecto de garras; o rosto transfigurado pela convulsão e os olhos injetados de sangue respiravam ódio diabólico; uma espuma sanguinolenta cobriu os lábios abertos.

— Você recebeu de volta seu coração, espírito perverso, e agora desapareça; retorne ao local de seus crimes e não ouse abandoná-lo, nem aproximar-se desses dois seres por mim libertados – ordenou o mago, desenhando no ar um sinal cabalístico que se inflamou e irisou-se em todas as cores do arco-íris, extinguindo-se em seguida.

O corpo da bailadeira toldou-se de fumaça escura e logo desapareceu; o fogo no braseiro apagou.

Depois que Kovindassami tirou os objetos mágicos usados, Vedjaga Singa virou-se para os amigos e disse:

— Aleksei, tome imediatamente um banho e troque de roupa!

— Tenho roupa que servirá para ele, pois somos quase do mesmo tamanho – observou Zatórsky.

Ambos saíram da sala. Mery, que não despregava o olhar do tigre estendido imóvel, sobressaltou-se:

— O que está havendo com Pratissuria? Ele não está morto, está? – perguntou ela, esboçando a intenção de ir até ele.

— Não se preocupe, ele está vivo. Devido à reação ao golpe do fio fluídico cortado, ele encontra-se em estado de choque; o vapor que o envolve são os fluidos venenosos que antes o impregnavam.

De fato, do corpo de Pratissuria desprendiam-se colunas de gás tênue e diáfano, formando acima dele uma cúpula violeta. Uns quinze minutos depois, ele se soergueu às sacudidelas em patas trêmulas, com olhos embaçados e, ao chamado do mago, rastejou até ele e descansou a cabeça em seus joelhos. Vedjaga Singa fez então alguns passes no animal, com o que este pareceu ter-se restabelecido; seus olhos readquiriram o brilho de antes, fitando o hindu com expressão de inteligência. Tal qual Uriel costumava fazer com a fera, o mago começou a lhe falar no ouvido. Sons estranhos eram aqueles: ora sibilantes, ora guturais, porém o timbre e as entonações eram diferentes. Após ouvi-lo atentamente, o tigre lambeu a mão do mago e foi até Mery, de quem lambeu também a face, estendendo-se a seus pés. A jovem acarinhou a fera e beijou-a na testa.

— Você ganhou um amigo livre dos feitiços de Vairami. Como recompensa por ter sido tão boa com uma criatura inferior, que deveria matá-la, mas não o fez graças à força poderosa da afeição, Pratissuria poderá permanecer com você como protetor. Ele jamais a abandonará; e o que lhe for invisível, não o será para ele, pois mesmo de longe ele pressentirá os demônios que a atacarão em sua purificação, prevenindo-a do perigo.

Neste ínterim Zatórsky retornou. Vedjaga Singa chamou-o com um gesto e, pegando a mão de Mery, depositou-a na mão do doutor.

— Eu revalido, meus amigos, o seu noivado, mas vocês só poderão se casar depois que Mery se purificar e ficar livre da maldição lançada. Coragem, minha filha: seu noivo vale este sacrifício. Ele provou seu amor, orando incansável e ardentemente diante de sua imagem, e é a ele que você deve sua salvação.

Emocionada, Mery atirou-se nos braços do noivo e agradeceu pela profunda devoção.

Todos foram à sala onde estava o príncipe. Feliz pelos amigos, este os cumprimentou efusivamente. A conversa fluiu alegre e ficou decidido que já no dia seguinte eles pediriam ao barão, por intermédio do príncipe, para acolher Mery por alguns dias em sua casa, enquanto ela arrumava seus assuntos particulares. Na casa de Van der Holm, ela não podia nem queria pôr os pés. O príncipe encarregou-se de avisar o barão do noivado de Ravana Veda.

O doutor, que os ouvia pensativo, virou-se para o mago e questionou-o da possibilidade de revelar ao barão a sua verdadeira identidade, que, naturalmente, este manteria em sigilo.

— Eu gostaria que ele parasse de sofrer de remorsos, culpando-se pela minha morte. Aliás, ele já sofreu o suficiente – argumentou Zatórsky.

Vedjaga Singa, sem hesitação, deu o seu consentimento.

No dia seguinte, Eletsky foi à casa dos Kosen e comunicou ao barão e Lili a vinda de Vedjaga Singa, o noivado de Mery e o pedido do mago em hospedar por algumas semanas a jovem discípula. Quanto aos aspectos satânicos da história de Mery, ele revelou apenas o mais indispensável, para justificar a relutância da jovem em ficar em sua própria casa. O barão alegrou-se pela vinda inesperada à cidade do cientista hindu, que já lhe salvara a vida, ainda que ficasse ofendido pelo fato de o mago não ter se hospedado em sua casa. Ele quis imediatamente ir ao encontro do mago na clínica, mas, informado pelo príncipe de que Vedjaga Singa saíra a negócios, instruiu Eletsky a convidá-lo para o almoço juntamente com os noivos, acrescentando que Mery sempre seria uma visita bem-vinda a qualquer hora e que o mago poderia contar com sua hospitalidade enquanto estivesse em Petersburgo.

Lili pôs-se a ultimar os preparativos para o repasto. Ela sentia-se feliz e lisonjeada após uma conversa reservada com o príncipe, quando este lhe confiou mais coisas do que para o pai, o que significava ser ela merecedora de sua confiança, em parte "iniciada" em ciência oculta; a consciência disso deixava-a orgulhosa. Além do mais, ela interceptara um olhar de seu amado tão significativo, que só de lembrar dele sua alma agitava-se esperançosa. De vestido branco, com um buquê de rosas acolchetado na cintura, Lili não via a hora de chegarem as visitas e também de conhecer Vedjaga Singa.

Finalmente o automóvel do príncipe estacionou junto ao portão e um minuto depois as visitas adentravam a sala. Enquanto o barão recepcionava efusivamente o cientista hindu, Lili aproveitou o momento para sussurrar no ouvido de Zatórsky:

— Parabéns, tio Vadim! Só falta uma coisa: revelar ao papai que você está vivo.

— Concordo e acho que o farei logo – disse Zatórsky, apertando a mão de Lili, essa jovem encantadora que o reconhecera com o coração, apesar de ele ter mudado muito.

O almoço correu alegre. Vedjaga Singa, um interlocutor brilhante, animou a todos com seus relatos espirituosos e interessantes; depois, todos levantaram um brinde à saúde dos noivos. Após o almoço, Zatórsky pediu ao barão para que ele lhe dispensasse alguns minutos e eles passaram ao gabinete do anfitrião.

Enquanto Vedjaga Singa entabulava uma conversa séria com Mery, Lili foi para a saleta contígua e sentou-se no sofá perto da janela. Minutos depois, entrou o príncipe, sentou-se ao seu lado, tirou da cintura dela o buquê de rosas e o trocou por *citrus* frescos.

— O que está fazendo, Aleksei Adriánovitch? – surpreendeu-se ela, perturbada.

— Estou decorando a outra noiva deste dia. Ou estou enganado, Lili, ao ler em seus olhos que meu amor é correspondido e você está disposta a se tornar minha esposa – um anjo protetor do nosso lar? Ele se curvou e fitou amoroso os olhos erguidos da jovem.

— Como posso ocultar que não desejo outra felicidade senão pertencer-lhe. Desde a minha adolescência, o senhor arrebatou-me o coração e eu farei tudo possível para ser uma esposa digna – admitiu Lili, alegre e francamente.

Feliz e emocionado, o príncipe abraçou-a e beijou-a ardentemente nos lábios.

— Minha querida! Estou feliz e orgulhoso de seu amor e farei tudo para merecê-lo. Trabalharemos juntos pela grande causa do amor ao nosso próximo, iluminando as almas e alçando-nos à luz.

Enquanto o príncipe e Lili se explicavam, entre o barão e Zatórsky realizava-se uma conversa séria e no mínimo estranha. Mal ambos se viram sozinhos, Vadim Víktorovitch iniciou, sem qualquer preâmbulo:

— Eu sei que o senhor chora a morte de Zatórsky. Mas disperse essa última nuvem do passado triste que lhe obscurece o coração. Ele está vivo, eu é que o digo. Eu sou Zatórsky e vim pedir seu perdão pela ingratidão e patifarias.

Ele falava em russo; sua inflexão de voz, característica e familiar, fez o barão saltar da poltrona, estremecido.

— Besteira, mentira! Os mortos não ressuscitam... Eu mesmo vi Zatórsky no túmulo.

— Mesmo assim, ele está diante do senhor, em pessoa. Desta vez um morto ressuscitou; então, peço-lhe parar de se culpar pelo assassinato, ainda que eu tivesse merecido isso.

E ele relatou ao barão sucintamente como sua morte física foi evitada por Vedjaga Singa e como, graças à ciência oculta e muito trabalho, ele recuperou a alma. Concluindo, o doutor adicionou:

— Devo dizer que eu ressuscitei somente para o senhor e Lili, e peço-lhe guardar segredo absoluto. Zatórsky morreu para o mundo e deve ser riscado de sua relação de vivos. Do interior do túmulo surgiu Ravana Veda – um homem novo em todos os sentidos da palavra, consciente de seus pecados, que ficará feliz se o senhor lhe perdoar o passado e não rejeitar sua amizade.

Com lágrimas nos olhos, o barão abraçou-se ao médico.

— Perdôo-lhe sinceramente os equívocos passados, por culpa da mulher devassa e perversa. Só posso agradecer-lhe por me ter aliviado dos remorsos que me dilaceravam, conquanto o delito já tenha sido remido pelo grandioso ato, que me salvaguardou da responsabilidade penal. Aceito sua amizade com alegria e ofereço-lhe a minha. Quanto ao segredo, fique tranqüilo: jamais o revelarei.

Após uma conversação amistosa e franca, que restabeleceu a antiga amizade dos dois, eles retornaram à sala, quando então ficaram sabendo do noivado de Lili.

Radiante e rejuvenescido por dez anos, o barão beijou os noivos, certificando o príncipe de nunca ter desejado um outro genro senão ele. Todos tomaram mais uma taça de champanhe; quando se dispersaram, já era tarde.

Lili ocupou-se do enxoval; Mery pôs-se a arrumar os assuntos pendentes. O mago viajou a Londres.

Cerca de duas semanas após os últimos acontecimentos, Mery recebeu a visita de um homem que, ao se identificar como um parente longínquo de Van der Holm, apresentou-lhe documentos legais, exigindo parte de seu espólio, já que Mery não tinha filhos. Pratissuria, perturbado com a presença do estranho, pôs-se a escavar o chão, rugindo, e teve de ser levado embora da sala por Mery, antes que acontecesse alguma desgraça. Ela mesma sentiu desconforto sob o olhar hostil de seu interlocutor e compreendeu que ele era um membro da irmandade, que exigia a restituição de seu patrimônio.

Sem hesitar, Mery aceitou devolver os bens do falecido marido ao seu "primo", com exceção da casa – uma lembrança de sua viuvez. Quando, mais tarde, atendendo ao pedido de Mery, o príncipe passou naquela casa, que seria reformada tal como o mago havia sugerido, notou o desaparecimento das estátuas de Satanás, bem como de todos aqueles tesouros no porão, que haviam seduzido Mery.

Umas seis semanas mais tarde, realizou-se o casamento de Lili com o príncipe, festejado num círculo estreito, e os recém-casados viajaram para a sua propriedade na Criméia.

Resolvidos os assuntos de herança, Mery viajou com o doutor para o Tirol, onde teria de passar por duras provações, buscando sua definitiva purificação. A pequena comunidade feminina habitava na margem do mesmo lago que podia ser visto das janelas da vila onde Zatórsky teve sua iniciação, e era dirigida por uma superiora, também "iniciada", a quem foram passadas todas as instruções quanto à nova irmã entregue a seus cuidados.

O doutor recolheu-se à morada masculina, cara pelas lembranças de sua "ressurreição", onde planejava trabalhar até que terminassem as duras provações da noiva.

Após alguns dias de descanso, a superiora anunciou a Mery que era hora de começar a purificação. Levada à cidade vizinha, a jovem confessou-se e comungou; no dia seguinte, trocada em vestes brancas de penitência, de vela acesa na mão, ela foi conduzida pela superiora para um lugar solitário, onde passaria pela provação.

Perto da margem do lago, havia uma gruta rochosa escavada naturalmente, no fundo da qual murmurejava uma fonte cuja água caía numa piscina pétrea e esgotava-se por uma fenda. Junto a um dos paredões, erguia-se um altar pétreo com crucifixo tendo sete círios em cima e, aos pés dele, repousava um cálice encimado por uma cruz e o Evangelho. O ambiente era iluminado por lâmpadas de teto; junto a um outro paredão, havia um órgão. Mery dominava bem aquele instrumento. Na gruta anexa, encontrava-se um leito simples, dois tamboretes e um armário de madeira; aos pés da cama amontoavam-se feixes de grama para Pratissuria. Na mesa estavam postas duas xícaras: uma com água, outra com leite, e um pedaço de pão.

A superiora beijou a noviça e disse que uma das irmãs viria diariamente para visitá-la e trazer-lhe roupa limpa, leite, pão e comida para Pratissuria, acrescentando que Mery podia tomar banho no lago, sempre vazio, e que deveria dormir de dia.

— Não se atemorize com nada, irmã, estando sob a proteção do tigre, mas fique de vigília à noite e reze, pois os filhos do inferno atacam com a escuridão. Toque músicas sacras e queime ládano para purificar o ar; se for assediada pelos demônios, erga contra eles o cálice, que contém hóstia consagrada. Eles poderão assumir tanto formas humanas como de animais para alcançá-la, mas Pratissuria a avisará a tempo, pois não pode ser enganado. Se você se sentir enfraquecida, puxe aquele cordão perto do órgão, que fará soar um sino e nós viremos em seu socorro. No armário você encontrará roupa, velas e uma garrafa de vinho, com o qual poderá, de tempos em tempos, recuperar suas forças. Bem, até mais, querida irmã! Seja firme e suporte com coragem a iminente luta e não se esqueça de que o triunfo dependerá apenas de sua firmeza e serenidade.

— Agora que readquiri a fé e a capacidade de orar, não temo os ataques dos demônios – assegurou Mery.

De fato, tendo freqüentado a seita satânica, experimentado e sentido todo o horror dos fenômenos aterrorizantes do reino das trevas, Mery se considerava munida de sangue frio e preparada para qualquer teste; assim, com certa tranqüilidade, aguardava pelo confronto. Sua fé era tão inabalável, seu arrependimento tão profundo e a esperança na misericórdia do Pai celeste tão forte, que ela não duvidava de sua libertação definitiva.

Após beijar em despedida a superiora e as irmãs que a acompanhavam, Mery se sentou em frente do órgão, tocou algumas músicas sacras, tomou uma xícara de leite e deitou-se, ordenando ao tigre protegê-la.

Já estava escurecendo, quando acordou; imediatamente começou os preparativos para passar a primeira noite sozinha. Completando o óleo nas lâmpadas, acendeu as velas no altar, defumou a gruta com o ládano, ajoelhou-se diante do altar e, depois de ler um capítulo do Evangelho, começou a orar fervorosamente.

A alguns passos dela, estendia-se sobre a areia Pratissuria, vigilante. Com focinho descansando nas patas, o tigre ora observava sua ama, ora esquadrinhava a gruta, aguçando os ouvidos.

Aproximava-se a meia-noite. Subitamente o tigre levantou-se, rugindo. Mery ficou de sobreaviso; dali a uns instantes, ouviu claramente o tropel de cavalo se aproximando. Silenciou junto à entrada da gruta. Uma voz familiar foi ouvida em meio a um riso de escárnio:

— Que fantasia é essa, irmã Ralda, enfiar-se nesse buraco em penitência? Há-há-há! De qualquer forma, a gratidão não é uma virtude sua. Você se esqueceu, sua ingrata, de como tiritava de frio pelas ruas e eu salvei toda sua família da morte por fome? E eu, que depositava em você tantas esperanças! Como retribuição por todas as benevolências, você desgraçou seu mestre Asrafil e matou seus benfeitores. Saia daí! Eu quero lhe propor um acordo vantajoso.

No vão largo da gruta, Mery avistou então o alazão resfolegante, iluminado pelo luar, de cujas narinas se desprendia uma fumaça vermelha. O animal estava inquieto, estremecia e escavava a terra com as patas; ao seu lado postava-se o vulto alto e felinamente esguio de Van der Holm, cujos olhos brilhantes fitavam Mery maliciosamente.

Sem nada dizer, ela pegou a cruz do altar e, erguendo-a alto, pôs-se a orar.

— E então, vem ou não vem? – gritou Van der Holm em voz rouca. – Ou tenho de ir aí para acertar as contas? O inferno está me responsabilizando por eu ter escolhido uma herdeira tão ingrata e perigosa.

Dizendo isso, ele saltou para dentro da gruta. Simultaneamente, Pratissuria se lhe interpôs no caminho e, rugindo diante da larva materializada, aplicou-lhe um golpe com poderosa pata, jogou longe o monstro; este, esbravejando injúrias, derreteu-se no ar. Uma voz surda, trêmula de fúria, ouviu-se então:

— Víbora! Você contagiou até os nossos animais! Mas espere só! Voltaremos mais tarde e domaremos os dois.

A partir desse dia, não havia quase uma noite que se passasse sem algum sobressalto. Às vezes à gruta voavam pedras e outras sujidades, atiradas por mãos invisíveis; houve vezes em que exércitos de ratos atacavam o tigre, porém este os esmagava com suas patas poderosas e, quando Mery borrifava com água benta a malignidade diabólica, esta se transformava em esferas, que acabavam rolando para fora, deixando atrás de si um fedor insuportável.

Certa vez de dia, ao retornar do banho, a gruta foi invadida por um bando de pardais; mas, prevenida por um leve rosnar do mascote, Mery neles atirou pão eucarístico e eles debandaram piando alto. Mery suportava tais ataques com firmeza, orava fervorosamente ou tocava órgão para relaxar. A fé em Deus e a certeza de que o Redentor aceitaria seu arrependimento nela não arrefeciam.

VII

Certa tarde, após ter entoado um hino à Virgem e arrumado a gruta, ela ouviu gemidos estranhos fora. Ao sair da gruta, topou com o corpo de um homem desacordado junto à entrada. Apiedada, quis acudi-lo, porém Pratissuria soltou um rugido e puxou-a com os dentes pelo vestido. Voltando rapidamente para a gruta, encheu uma xícara com água benta, adicionou algumas gotas de ládano dissolvido em álcool, dado por Vedjaga Singa, e verteu a solução sobre o homem inerte. No mesmo instante, ouviu-se um tiro de espingarda, o corpo do estranho começou a se contorcer em convulsões, virou-se de costas e ficou imóvel com os braços estendidos. De sua boca escancarada saiu voejando uma esfera negra com rabo e olhos vermelhos, que, silvando, desapareceu nos arbustos. O corpo diante de Mery começou a se decompor rapidamente.

Seu susto foi tal que ela tocou o sino. Ao chamado ocorreram algumas irmãs, explicando-lhe que o cadáver era de um andarilho que se enforcara na floresta e fora enterrado duas semanas antes.

Depois desse ataque, tudo se acalmou aparentemente e alguns dias passaram sem qualquer manifestação por parte dos demônios. Quando Mery expôs à superiora sua convicção de que as forças do mal talvez, ao sentirem sua firmeza, tivessem desistido das perseguições, essa, sorrindo, respondeu-lhe que aquela inatividade era um prenúncio de uma grande tempestade.

Certa manhã, Mery foi chamada pela superiora.

— Tenho razões para crer que hoje à noite, se não amanhã ou depois, você terá de enfrentar um ataque violento não só por parte dos demônios, mas também dos vivos, seus antigos co-irmãos. Notando a inquietação de Mery, a superiora acrescentou: – Você deverá se armar de muita coragem para este – que eu considero – último ataque, já que o exército satânico está mobilizando todas as suas forças.

— Terei forças suficientes? Não cairei vítima dos monstros vingativos? – balbuciou Mery, com olhos úmidos.

— Não perca confiança em si! Além disso, seus amigos a protegem e lhe enviam armas para a defesa. Olhe!

Ela abriu um longo estojo que estava na mesa e dele tirou uma estranha espada. Sua empunhadeira possuía forma de cruz, e a lâmina, com sinais cabalísticos gravados, tinha uma estrela na ponta.

— Em caso de ataque, recoste-se no altar e lute com esta arma; mas cuidado: não saia em nenhuma hipótese da gruta, senão estará perdida. Ao escurecer, recite as fórmulas que estão neste pergaminho e desenhe com a espada três círculos em volta do tigre, pois eles tentarão matá-lo.

De pensar indignada que os seres malignos pudessem fazer mal a Pratissuria, a quem se afeiçoara e que dela não se afastava por nada, Mery encheu-se de nova coragem. Ela perguntou então à superiora se havia alguma irmã corajosa que pudesse ficar com ela na gruta para manter a defumação e tocar o órgão, caso isso viesse a ser necessário. Uma jovem, conhecida na comunidade pela vida austera, fé ardente e energia, anunciou que acompanharia Mery para ajudá-la a enfrentar os demônios encarnados e desencarnados.

Mery agradeceu à voluntária e as duas, junto com Pratissuria, dirigiram-se à gruta.

Já ao se aproximarem, o tigre começou a revelar sinais de inquietação: ele rugia, fustigava as ancas com o rabo e rangia os dentes; por vezes, parecia socar com as patas algo invisível.

Mery e sua companheira concluíram que o ataque seria naquela noite e puseram-se a ultimar os preparativos. Elas instalaram o braseiro, encheram-no de ervas aromáticas e galhos resinosos. Enquanto a irmã Eleonora defumava o ambiente com ládano, Mery ocupou-se de Pratissuria, que andava agitado pela gruta, cheirando o ar e rugindo. Uma vez até soltou um urro tão forte, que a terra tremeu, assustando a irmã Eleonora. Mery deu-lhe um pedaço de pão embebido em vinho doce – muito apreciado por ele; depois de pronunciar as fórmulas e encerrá-lo no círculo mágico, o tigre tranqüilizou-se por completo, indo deitar-se aos pés do altar. Apenas pelo brilho fosfórico de seus olhos e estremecimentos de suas orelhas sabia-se que a fera não dormia, mas estava vigilante.

Bateu meia-noite e nos paredões da gruta ouviram-se estalidos; rajadas de vento invadiram a gruta, ameaçando apagar as chamas no braseiro e as velas nos candelabros.

Mery galgou os degraus do altar, recostou-se nele e, empunhando a espada, pôs-se de guarda, observando os braseiros.

Desencadeava-se uma tempestade. O vento assobiava, vergando as árvores; ao longe ouviam-se trovoadas e os relâmpagos cintilantes iluminavam os arredores e o interior da gruta com luz funestamente esbranquiçada.

Subitamente dos cantos dos paredões e da terra começaram a surgir esferas multicolores, espalhando odor de cadáveres putrefatos, sufocando e tonteando Mery e Eleonora.

Enormes ratazanas, morcegos e outros bichos nojentos surgiram então, lançando-se contra Mery, tentando derrubá-la, ou contra Pratissuria que, de pêlo eriçado, defendia-se com dentes e garras. Mery lutava valorosamente e sua espada operava grandes devastações entre as hordas dos atacantes: tão logo a lâmina atingia algum ser diabólico, este se contraía e derretia no ar, exalando cheiro insuportável.

A luta estava no auge, quando por entre as trovoadas e urros da tempestade se ouviu o tropel e o relincho de cavalos e o som de uma corneta de caça. Mery compreendeu que os "caçadores do inferno" vinham em auxílio dos monstros do além, uma vez que os vivos representavam forças mais reais. Uma oração fervorosa elevou-se do coração de Mery para o Pai Celeste, suplicando-Lhe ajuda e proteção.

Tudo o que sobreveio depois se preservou na memória de Mery como um terrível pesadelo. Na entrada da gruta avultou-se um grupo de umas dez pessoas em negras malhas felpudas e chapéus com chifres, liderados por enorme bode preto de olhos fosforescentes.

"É Asrafil", pensou Mery.

Reunindo toda a coragem, ela apertou forte a espada mágica e, quando o bode-diabo curvando os chifres se arremessou contra ela e já estava no primeiro degrau do altar, Mery cravou-lhe no peito a espada. O monstro soltou um urro, retrocedeu e desapareceu num dos cantos escuros. Ao tempo em que o bode se lançava sobre Mery, seus subordinados arremessaram no tigre uma chuva de flechas ígneas e tiros de pistola. Mas, devido ao barulho da tempestade, trovoadas, tiros e urros da fera, os satanistas não notavam que os projéteis lançados ricocheteavam no animal protegido por muro invisível, e caíam ao seu lado. Não obstante, Pratissuria como que retesado para dar um bote, ficou imóvel nessa posição; de súbito sua cabeça pendeu, atingida por um golpe.

Após rechaçar o ataque do bode, Mery sentiu uma forte fraqueza e cerrou os olhos; seus pensamentos estavam embaralhados e ela repetia maquinalmente: "Jesus, salve-me! Salve-me!"

Aproveitando seu momento de fraqueza, os atacantes largaram o tigre e lançaram-se sobre Mery; tiraram-na do altar e começaram a arrastá-la para a saída.

— Espere só para ver, sua traidora, que torturas nós lhe preparamos! – vociferou um dos satanistas, tentando arrancar a espada da mão de Mery, agarrada convulsivamente.

— E você, idiota, não se meta onde não é chamada! – gritou um outro, derrubando com um chute o braseiro, que caiu sobre Eleonora.

Sem largar a espada, Mery foi sendo arrastada em direção à saída e já estava a alguns passos dela, quando subitamente um terrificante urro fez estremecer os paredões: era Pratissuria que se recobrou de seu torpor momentâneo. De um salto, ele se viu junto ao bando que levava sua ama e cravou as presas na nuca de um dos satanistas, soltando-o quando esse já estava morto.

Instalou-se um verdadeiro pânico. Aquele que segurava Mery finalmente a soltou e quis fazer uso do estilete, mas o tigre derrubou-o no chão e o despedaçou instantaneamente. Os satanistas puseram-se em debandada; um deles ainda foi alcançado pelo tigre e, não fosse o animal chamado de volta por Mery, temerosa que ele ultrapassasse os limites da gruta, o infeliz seria dilacerado. Entretanto, o tropel das patas desenfreadas e os gritos ensandecidos anunciaram que os vencidos abandonavam o campo de batalha.

Ainda tremendo, Mery correu para junto de Eleonora para apagar as chamas em seu vestido. Todos esses acontecimentos, longos para serem descritos, duraram poucos minutos; quando o primeiro nervosismo amainou, Mery e sua ajudante prostraram-se de joelhos e, em meio à oração ardente, agradeceram a Deus por terem escapado.

Já estava clareando, quando ambas, já refeitas, foram examinar as baixas sofridas pelos satanistas. Pratissuria, estendido no chão, lambia as patas, ronronando satisfeito.

O primeiro corpo era impossível de ser reconhecido, de tão mutilado que estava seu rosto; outros dois eram ainda jovens. Um deles Mery reconheceu: era um membro da irmandade que ela viu em Paris; o outro ela não conhecia. Enojadas pelo fedor insuportável dos cadáveres, decidiram voltar ao abrigo. Nisso, como já estava bem claro, Mery notou abismada que os cabelos negros da irmã Eleonora haviam embranquecido.

No abrigo, foram recebidas com cumprimentos extasiados, sendo elogiadas por terem rechaçado corajosamente aquele ataque furioso. A superiora declarou a Mery que esta não precisava mais voltar à gruta e que deveria terminar a purificação com estudos e preces.

Mery ficou feliz com a notícia de poder viver entre as bondosas irmãs evoluídas, que a cercavam de cuidados meigos. Em meio à paz, consagrando o tempo às orações, reflexões e estudos, aos poucos adquiriu equilíbrio espiritual e saúde física, abalada pelos últimos acontecimentos. De Lili, com quem ela se correspondia, soube que a casa de Van der Holm fora transformada num asilo para velhinhos e deficientes físicos.

Assim se passaram três meses e, certa manhã, a superiora anunciou a Mery que na recepção por ela aguardava um homem.

Intrigada, correu até lá e encontrou seu noivo, que a beijou e disse:

— Você trabalhou com tanta coragem, que os mentores decidiram abreviar seu tempo de provação e a consideram suficientemente forte para o último ato de sua purificação: a libertação de Edmond. Ao notar o palor de Mery, ele acrescentou: – Não tenha medo! Vedjaga Singa ainda está em Londres; iremos até lá e lhe pediremos ajuda. Quero também saber com ele se eu posso acompanhá-la a Komnor Castle, para você não ficar sozinha.

Mery agradeceu efusivamente ao noivo pela preocupação com ela. O encontro iminente com o terrível proprietário de Komnor Castle a apavorava. Teria ela sucesso em apaziguar o terrível vingador? Conseguiria ele, através do perdão e arrependimento, destruir o monstro gerado no momento fatídico de seu tresloucado desespero, alimentado por séculos com ódio e sede de vingança?...

No dia seguinte, Mery se despediu das irmãs e deixou o abrigo juntamente com o fiel Pratissuria que, por sua docilidade, granjeou a disposição das habitantes da comunidade. Desde que foi purificado pelo mago, o animal, aparentemente ameaçador, esquecera seus instintos de predador, e só a presença de algum ser satânico, visível ou invisível, desencadeava sua fúria.

Vedjaga Singa recebeu Mery e Zatórsky com a costumeira alegria e sugeriu à jovem passar alguns dias em Londres para descansar e traçar um plano de ação de sua empreitada.

— Você parece apreensiva, quando deveria estar feliz por ter triunfado sobre os demônios. O que a oprime? Talvez eu possa ajudar? – perguntou o mago.

— Estou preocupada com minha viagem a Komnor Castle – disse Mery, corando intensamente. – Eu vivo me perguntando como cumprirei o ritual prescrito numa casa cheia de satanistas, onde eles são donos do castelo e cujos empregados são membros da comunidade satânica. Se eles não me matarem antes, farão tudo para impedir o planejado.

Um sorriso franziu os lábios do hindu.

— Tivesse me confiado seus receios antes, eu teria lhe dito que Komnor Castle passou para um novo proprietário;

o baronete, seu antigo dono, morreu misteriosamente durante uma viagem. Era um homem bizarro, vivia viajando sempre sozinho, sem dizer para onde ia. Dizem que ele foi assaltado e depois morto, pois seus objetos pessoais foram encontrados ensangüentados junto ao corpo mutilado.

— Mestre! Não era Uriel? – exclamou Mery.

— É possível, mas não tem importância. Resumindo: o novo proprietário de Komnor Castle agora é um menino de dez anos, cuja tutora, a mãe, é uma mulher respeitada e religiosa, ligada à nossa irmandade. Os satanistas abandonaram o castelo e os poucos empregados ali são pessoas confiáveis. Assim, você poderá ficar lá o tempo que quiser, sem medo.

Aproveitando uma pausa na conversa, Vadim Víktorovitch perguntou ao mago se podia acompanhar Mery.

— Eu ia lhe dizer, meu amigo, que você, por ser um dos principais personagens do drama, não só pode como deve acompanhá-la. Walter, mais do que Antônia, deverá conseguir o perdão de Edmond – explicou Vedjaga Singa para o doutor perplexo.

— Deus misericordioso! Então fui eu que matei o pobre duque! Agora entendo por que preciso ir a Komnor Castle. Mas serei perdoado por ele? Mery me contou toda a história e agora eu sei por que o relato me impressionou tanto.

— Que pena que Vadim não leu o diário – observou Mery.

— Ele deverá fazê-lo para que o ex-Walter possa ter total consciência de seu passado. Vocês poderão ficar com o escrínio e seus objetos, bem como com outros objetos guardados em lugar secreto, que pertenceram a Antônia. Este é o presente de casamento da proprietária do castelo, que quer devolver essas lembranças à sua legítima dona – observou o mago, sorrindo.

Após descansar por alguns dias e tendo recebido as devidas instruções, Mery e seu noivo dirigiram-se a Komnor Castle. Quando o coche adentrava a alameda que dava ao velho castelo, Mery foi dominada por uma sensação angustiante, esperando que de um minuto para outro aparecesse o murzelo com seu cavaleiro funesto. Mas isso não aconteceu; tudo parecia tranqüilo. Alguns empregados afáveis, de meia-idade, receberam os viajantes e os acompanharam aos aposentos preparados. Com coração palpitante, Mery entrou no quarto que ocupara em sua primeira vinda. O maior medo infundia-lhe o velho oratório, transformado em templo satânico; não obstante, ela resolveu verificar o seu interior e arrancar de lá a estátua asquerosa do demônio. Qual não foi sua satisfação ao ver que o oratório fora reconstituído à sua função original. O nicho abrigava uma estátua da Virgem Santíssima, que parecia fitar Mery com expressão de bondade infinita; no facistol, em frente, jazia um crucifixo.

Mais tarde, Mery pediu que lhe indicassem a localização da câmara funerária, para onde ela se dirigiu em companhia do doutor. Entre outros, eles acharam o túmulo do pseudo-Edmond; ao lado havia um pequeno caixão, de que falara Vedjaga Singa, destinado para os ossos do duque. Eles oraram demoradamente diante dos restos de sua segunda vítima e, ao saírem, pegaram o caixãozinho.

No dia seguinte, Mery e Zatórsky foram até a fenda rochosa e prepararam-se para nela descer com todos os objetos necessários e com o caixãozinho, em cujas paredes internas foram gravados sinais cabalísticos. Com a chegada da noite, após elevarem orações fervorosas, eles colocaram vestes alvas de penitência e foram ao local de seu crime.

O fundo do abismo parecia estar iluminado por uma luz sangüínea horripilante. Consciente do perigo de revelar qualquer fraqueza, ela dominou valorosamente o nervosismo e pediu que Zatórsky baixasse primeiro os pacotes. Após benzer a fenda e recitar as fórmulas, ensinadas pelo mago, Vadim Víktorovitch baixou os objetos e depois desceu com Mery. Eles se viram então diante da gruta, onde o agonizante Edmond passara por tantos suplícios; era de lá que irradiava a luz purpúrea. Ao adentrarem o interior, os dois estacaram pasmos: dos fundos, fitava-os com olhar ameaçador o monstro do inferno, materializado pela maldição, pronto a defender os restos de seu criador, tal qual seu sustentáculo.

Soltando, aos assobios, colunas de fumaça fétida e negra, a criatura asquerosa armou o bote, mas nisso Zatórsky tirou a cruz do peito e, erguendo-a sobre a cabeça, pronunciou tonitruante:

— Fora daqui, criatura das excrescências do mal! Feneça diante do símbolo eterno da Redenção! Em nome Daquele que perdoou, crucificado, aos seus inimigos e orou por Seus carrascos, em nome de Deus nosso Jesus Cristo, ordeno-lhe que desapareça e nos entregue esses ossos, para que sejam enterrados de modo cristão.

O monstro estremeceu, enrodilhou-se todo, toldou-se de nuvem enegrecida, reverberando em riscos ígneos, e desapareceu. A luz púrpura imediatamente se extinguiu, porém os sons de estalidos surdos e os risos longínquos de escárnio apontavam que a criatura do inferno ainda ali estava.

Mery e seu acompanhante desembrulharam as tochas, acenderam-nas e as fixaram nas fendas da gruta; à luz trêmula, eles avistaram um esqueleto esbranquiçado, parcialmente coberto por musgo.

Zatórsky estendeu no chão um brocado branco com cruz bordada a ouro no centro e, trêmulo, aproximou-se dos restos da vítima. Notou então que a mão crispada do esqueleto, na região do coração, segurava um estilete curto de cabo cinzelado. No que antes era um dedo, via-se a aliança de Antônia; por entre os ossos jazia também um medalhão enegrecido e, de lado, duas esporas.

Com as mãos levemente trêmulas, Zatórsky começou a juntar e arrumar os ossos sobre o brocado. Depois desembrulhou uma pequena mesa de armar, cobriu-a com toalha com flores bordadas a ouro, deitou sobre ela o crucifixo, o Evangelho, o candelabro de sete velas, o aspersório e uma enorme taça com a água benta. Após aspergir cruciforme os paredões da gruta, mergulhou o crânio por três vezes na água e colocou-o sobre um triângulo metálico na mesa; em seguida, embrulhou os ossos no brocado e pôs o embrulho embaixo do altar. Tirando do escrínio cinzelado um pequeno cálice encimado por cruz, ele o colocou sobre o altar. Feito isso, ajoelhou-se ao lado de Mery, a recitar orações de últimos sacramentos. Com fé inabalável e devoção ardente, eles suplicaram para que a vítima perdoasse Walter e Antônia, pedindo a Deus abrandar-lhe o coração, sugerir-lhe a força e o desejo de aniquilar voluntariamente o monstro por ele gerado.

De súbito, a criatura infernal ressurgiu no lugar de antes, silvando e contorcendo-se como que em estertores, com olhar chispando de ódio. Zatórsky ergueu-se e, elevando o cálice sobre a cabeça, instou em voz alta:

— Edmond, duque de Mervin, senhor de Komnor Castle! Convoco-o e ordeno-lhe que aqui apareça, no local de sua morte, para que possa finalmente libertar-se do invólucro larvário que carrega, e tornar-se novamente um espírito livre capaz de alçar-se à luz.

Ouviu-se um silvo brusco e penetrante e à gruta irrompeu uma rajada de vento glacial. Na entrada da gruta, avultaram-se de súbito seres asquerosos, verdadeiras criaturas do reino das sombras, tolhendo o caminho ao espírito de Edmond, entre eles surgido. O sinistro proprietário de Komnor

Castle, assustado e exausto, tentava chegar ao local de seu suplício, mas os espectros trevosos assediavam-no, tentando puxá-lo de volta.

— Edmond, Edmond! Ore e peça auxílio a Deus! – gritou Mery, em desespero.

Mas já por muitos séculos Edmond só conhecia ódio, maldição e sede de vingança; ele não sabia mais orar e sua alma havia perdido a capacidade de se elevar ao Céu, clamando por ajuda. Inutilmente ele se debatia entre o furacão de silvos e rajadas glaciais; no fundo da gruta, o monstro da vingança materializada parecia recuperar as forças. Ele se insuflava, crescia e erguia-se ameaçadoramente, preparando-se para se lançar sobre os insolentes que ousavam desafiar seus poderes, tentando arrebatar-lhe o criador e, também, o escravo.

Mery e Zatórsky sentiam-se fraquejando; suas cabeças estavam zonzas. Parecia-lhes que o exército das trevas estava prestes a triunfar, arrebatando Edmond e aniquilando os audaciosos, demasiadamente fracos para lhes opor resistência. Porém, neste instante, um raio rasgou a escuridão, e uma esfera luminosa desceu vertiginosamente das alturas, tomando o aspecto de um homem de branco, cuja cabeça estava envolta em feixes radiosos. Na mão erguida, ele empunhava uma cruz iridescente.

— Feneçam, criaturas do inferno! Fora daqui, servidores das trevas, e não ousem impedir o caminho da alma arrependida em busca da luz! Em nome de Cristo, eu os expulso. Desapareçam nos abismos que os geraram e lhes dão abrigo – pronunciou uma voz autoritária.

Em meio a urros e gemidos ensandecidos, as massas negras dos entes demoníacos, calcinados por luz radiosa da cruz, foram derretendo no ar e, finalmente, sumiram como que dispersas por vento tempestuoso.

Ficou apenas Edmond, um espírito desditoso onerado por corpo larvário denso e pesado, tornado um anfíbio entre os mundos visível e invisível. Pálido e exausto, ele recostou-se na parede. O mago então ergueu a cruz reluzente em sua direção.

— Espírito criminoso e vingativo, arranque de seu coração a serpente da vingança que o suga por séculos; arrependa-se, perdoe e acalente-se no triunfo sobre si mesmo. O caminho à libertação está livre.

O vulto límpido empalideceu e sumiu de vista, deixando atrás de si um aroma suave e vivífico; ouviram-se vibrações harmônicas de um canto longínquo, que foram tranqüilizando o espírito sofredor, perpassando e suavizando cada fibra de seu corpo astral atormentado. Visivelmente perturbado e tremendo nos pés, Edmond foi como que dominado pela vontade de adentrar a gruta, local de sua agonia; finalmente, em passos lentos, ele se posicionou no círculo mágico iluminado por sete velas.

— Walter, Antônia! – murmurou ele, olhando para o casal criminoso de joelhos.

— Edmond, perdoe-nos o crime perpetrado! Seja misericordioso e aceite o nosso arrependimento, libertando-se e também nos libertando de sua maldição, lançada num momento de sofrimento e desespero! – exclamou Mery, estendendo súplice as mãos. – Só você é capaz de fazer isso; só você poderá acabar com o monstro num ímpeto de perdão, amor, fé e arrependimento.

Trêmulo, Edmond encarou então sua criatura: o monstro que era seu implacável carcereiro e carrasco impiedoso, a atormentá-lo e lhe sustentar a sede de vingança ou instigá-lo para novos crimes. E ele estremeceu com a numerosidade do mal praticado, conscientizando-se pela primeira vez do poder que se espreitava na alma humana para gerar e dotar de vida um ser tão medonho, prestes a se lançar nele feito fera. Nasceu-lhe neste minuto a sede de deleitar-se com a aniquilação do inimigo, tornado seu senhor, que o fitava desanimado como se previsse seu fim. Edmond ergueu alto os braços e soluçando disse:

— Walter e Antônia! Com toda a sinceridade eu os perdôo e espero que o Pai Celeste perdoe-me os pecados por sua vez. Eu rejeito o inferno e peço aos meus assassinos que me perdoem por persegui-los com tanto ódio. Enquanto você, monstro, incorporação de meus malefícios e ódio, não terá mais com que se alimentar e, assim, desapareça, tal qual a neve se derrete sob os raios do astro-rei. Ordeno-lhe isso pelo sangue de Cristo e em Seu Nome sagrado.

Do crucifixo do altar cintilou uma estrela brilhante que se projetou sobre o monstro astral; da encarnação lúgubre do mal ardeu uma chama, calcinando tudo com crepitar funesto.

Edmond permanecia imóvel, porém uma estranha transformação operava-se nele: algo imundo e negro, parecido com pele lanosa, dele se destacava, derretendo em forma de fumaça densa. Um minuto depois, ele, uma imagem cinza nevoenta, pôs-se joelhos e persignou-se com devoção.

— Que o Céu os abençoe pela minha libertação! Oh, se os homens cegos soubessem que felicidade bem-aventurada é perdoar! – murmurou a voz fraca como um sopro. Feito um passarinho libertado da gaiola, o espectro alçou-se e derreteu-se na escuridão.

Chorando de alegria, Vadim Víktorovitch abraçou Mery; finalmente se consumava o último e o mais difícil ato do drama de seu passado...

Depois de elevarem uma ardorosa oração de agradecimento a Deus, eles depositaram no caixãozinho os restos de Edmond, juntaram os objetos em pacotes e deixaram o precipício.

Exaustos mas imensamente felizes, retornaram ao castelo para descansar; o dia seguinte eles passariam em Komnor Castle para enterrar os restos de Edmond.

De manhã, o caixão dele foi colocado na câmara funerária onde repousavam seus antepassados e, quando a porta de bronze foi trancada, Mery e o doutor sentiram como se seus ombros ficassem aliviados de um enorme fardo. Pensativos, eles entraram no quarto de Antônia, e Mery, com a mão trêmula, tirou da gaveta secreta os objetos ali guardados.

No escrínio estava o diário com a confissão *de lady* Antônia e um maço de correspondência da duquesa com Walter e o padre Silva; no fundo da gaveta, ela encontrou uma segunda caixa, onde estavam guardados os retratos dos pais de Antônia, algumas jóias e brinquedos, provavelmente recordações de sua infância. Após examinar emocionada as lembranças do passado, Mery embrulhou-as para levar consigo; a leitura do diário ficou adiada para uma outra hora mais livre, quando teriam mais paz espiritual. Eles não viam a hora de deixar Komnor Castle e, após um leve desjejum, partiram para Londres.

Lá, uma surpresa agradável os aguardava: o príncipe Eletsky e sua jovem consorte foram cumprimentá-los pelo triunfo final sobre o passado lúgubre e participar da cerimônia de casamento do casal, já que nada mais os impedia.

À noite, num círculo íntimo de Vedjaga Singa e do casal principesco, eles discutiram seus planos do futuro. Devido à hostilidade irreconciliável dos satanistas em relação a Mery, o mago aconselhou-os a morarem perto do local da iniciação de Mery, para que os membros da comunidade pudessem defendê-la dos eventuais ataques. Por sua vez, a Irmandade da Luz Ascendente estava oferecendo a Zatórsky o cargo de diretor de uma casa de saúde, nos moldes da aberta em Petersburgo. A irmandade tinha intenção de fundá-la nos arredores da cidade. Vadim Víktorovitch aceitou prontamente o convite, mantendo o nome de Ravana Veda. O casamento foi marcado para dali a uma semana.

— O senhor acha que os satanistas tentarão me atacar, apesar da derrota por eles sofrida? – perguntou Mery.

Vedjaga Singa sorriu.

— Aqui você estará em segurança e eles não se arriscarão a atacá-la, pois a retaliação seria instantânea. O ódio deles é compreensível: eles não só sofreram a derrota estrondosa, como perderam uma adepta em que depositavam grandes esperanças, e muitos de seus membros, entre os quais Asrafil e Uriel. O último era muito rico, influente e erudito. Aliás, eles estão muito enfraquecidos para empreender algo.

No dia seguinte, numa reunião com os dirigentes da irmandade, Vedjaga Singa entregou a Zatórsky uma importância em dinheiro, que correspondia ao patrimônio do doutor "falecido". Depois do almoço, o mago levou os amigos para ver o hospital para os "incuráveis", que seria dirigido pelo médico. Perto dessa clínica havia um lindo sobrado, envolto em jardim frondoso, guarnecido com todo o conforto. Qual não foi a surpresa e a alegria de Mery, quando Vedjaga Singa anunciou que o imóvel era seu presente de casamento.

O casamento foi festejado num círculo íntimo, seguido de almoço em companhia dos membros da irmandade.

Ao se verem a sós em sua nova residência, Zatórsky abriu a janela da sala de estar e, debruçados no parapeito, continuaram a conversar.

Era uma noite tépida e tranqüila; a lua cheia inundava a terra com luar lustroso e intrigante; sobre as janelas perfilavam-se floreiras aromáticas e adiante pretejava a densa folhagem do jardim. O jovem casal relembrava o passado e os estranhos acontecimentos na vida, que desencadearam a descoberta de tantos mistérios assombrosos do mundo do além, cuja existência é negada por homens cegos.

— Oh, como sou agradecida a Deus por Ele ter concedido a paz à minha alma – esse bem valioso ao qual se dá tão pouca importância em meio à hostilidade, inveja e vícios que assolam a sociedade – observou Mery.

— Sim, a felicidade está tão próxima, mas as pessoas não a notam, achando que ela está distante; procuram-na por toda a parte, porém raramente a encontram.

Neste instante, Pratissuria, que roncava tranqüilamente a poucos passos deles, soergueu-se e, resmungando docilmente, deitou as patas no parapeito da janela.

Mery afagou a cabeça do animal, um pouco alarmada com seu inesperado despertar, receando que ele tivesse farejado a aproximação de algum inimigo. Subitamente ela soltou um ai de surpresa e apontou para uma nuvem de criaturas aladas, minúsculas e cinzentas, que voejavam em direção à janela.

Uma delas, maior e mais nítida que as outras, pairou perto de Mery e esta sentiu na face o contato como que de um gás sedoso.

— Meu querido Cocotó, você veio cumprimentar-nos! – exclamou ela alegremente. – Meu Deus, como estou feliz que meus antigos servos se encontram agora no caminho límpido da evolução e, como eu, desfizeram-se dos laços do Reino das Trevas...

Sorrento, 1º de outubro de 1913

Leia os dois primeiros romances desta trilogia:
"O Terrífico Fantasma" e "No Castelo da Escócia".

Você já leu os livros da médium Vera Lúcia Marinzeck publicados pela Lúmen Editorial?

EM MISSÃO DE SOCORRO

(espíritos Guilherme, Leonor e José)

Acompanhe como são feitas as operações de resgate no Umbral e nas zonas inferiores através do depoimento de três espíritos especializados na tarefa socorrista.

VÉU DO PASSADO

Kim, garoto conhecido como "o menino das adivinhações", tem a vidência aflorada. Uma cena o acompanha: a da sua própria morte. Na espiritualidade, seus poderes e mistérios serão revelados...

O ROCHEDO DOS AMANTES

Uma estranha história de amor acontece num lugar de nome singular: Rochedo dos Amantes. Intrigas, mistério e disputa de grupos desencarnados estão presentes nesta obra com um final surpreendente.

ROSANA, A TERCEIRA VÍTIMA FATAL

Suspense, morte e o reencontro de Rosana e Rafael, na espiritualidade, depois de uma série de crimes misteriosos ocorridos em uma pequena cidade do interior.

ESCRAVO BERNARDINO

História que retrata, com fidelidade, o período da escravidão no Brasil, contado pelos personagens que viveram, na carne, o domínio dos senhores de engenho.

O PEDACINHO DO CÉU AZUL

(Espírito Rosângela) – *Infantil*

Livro que fala das brincadeiras, pensamentos e sonhos da garota Liliam, uma menina cega cujo maior desejo era conhecer o azul do céu infinito.

Sucessos do Espírito Irmão Virgílio psicografados pelo médium Antonio Demarchi!

Além do Infinito Azul

Os jovens médicos Leonardo e Otávio são companheiros de longa data. Ao passar férias na fazenda do amigo, Leonardo descobre sua verdadeira missão na Terra e reencontra um velho amor do passado.

Crepúsculo de Outono

Dr. Augusto envolve-se em uma morte acidental. O instrutor Demétrius e Irmão Virgílio aproveitam o caso para fazer novos estudos sobre o aborto, a concepção de um bebê, o Carnaval e os laboratórios espirituais de reencarnação.

Mansão dos Jovens

Veja o cotidiano do pronto socorro chamado Mansão dos Jovens, na espiritualidade, e aprenda as lições do Instrutor Valérius...

A Vida Ensina

Nesta obra, Irmão Virgílio nos apresenta contos e histórias repletas de ensinamentos e elevadas mensagens, com bom humor e carinho. Uma leitura saudável e um entretenimento sadio para todas as horas.

Leia estas obras psicografadas pelo médium

Eurípedes Kühl!

ALMAS EM CHAMAS
(Espírito Josué) Romance
Uma montadora de veículos multinacional, a H&H, passa a sofrer o assédio de um grupo de espíritos desencarnados. Suspense, tensão e ternura reunidos em uma obra atualíssima própria do cotidiano capitalista vivido nas grandes empresas.

JOGO – MERGULHO NO VULCÃO
(Espírito Claudinei) Romance
Lazer, diversão, sorte, azar ou vício? Descubra as respostas lendo a trajetória de Élcio, jogador inveterado, e as conseqüências espirituais de sua viagem pelo mundo dos cassinos.

ESCRAVOS DO OURO
(Espírito Van der Goehen)
Conheça o período do ciclo do ouro no Brasil-colônia e as aventuras do português Severo Cantilhão em busca de fortuna e poder em terras brasileiras.

Impresso nas oficinas da
Gráfica Palas Athena